私たち国際結婚をしました

～2人の日本人が語るイギリスライフ～

目次

第1部　堀井ファミリー

第2部　グリーンファミリー

第1部

堀井ファミリー

1．イントロダクション

私は現在（２０１８年12月）、イギリスのイングランド地方南東部の海辺の街、ハーンベイに、妻、娘と息子の家族４人で暮らしています。

１９９６年４月、18歳の時に日本からイギリスに渡りました。色々な縁から、そのままイギリスに定住することになり、妻と出会ったのは２００９年12月。11年２月に結婚し、同年11月に長女が、13年12月に長男が生まれました。

長女にはスコットランドのある島の名前をつけました。日本用として漢字も当てています。そして、私の母方の祖母の名をミドルネームにしました。２人目の長男には妻の祖父の名前を付け、それにも漢字を当てています。ミドルネームは私の父方の祖父の名前です。

ちなみに、イギリスの統計局によると２０１１年の平均初婚年齢は男性36・３歳、女性33・

8歳。同じ年の日本の初婚年齢が、厚生労働省の調べでは夫30・7歳、妻29・0歳です。イギリスの方が初婚年齢はかなり高めですね。そして、私たちが結婚したときのそれぞれの年齢は、お互いの出身国のそれぞれの性別の平均年齢よりもさらに少し高めでした。

この文章を書いている時点で、私たちは結婚してから8年弱。まだ夫婦としては未熟者です。妻は日本語の読み書きができませんので、ここに私が何を書いているのか知る由がありません。もちろん、最愛の妻のことを悪く書くつもりは一切なく、妻にはいつも感謝して生きています。いや、よく感謝の心を忘れることがあるので、感謝をして生きようと日々努力しているというのが正しいですね。

私の感謝の心はさておき、本書の中で出来事を面白おかしく表現しようとするささやかな努力むなしく、もしかしたらニュアンス的に妻が悪役になってしまっている箇所があるかもしれません。そうした表現があるとすれば、それは日本語力のない私の愚かさであると理解してください。

妻に関する記述については一応本人の了解を取っています。言い方を変えれば、彼女がOKした範囲内の内容にとどめているということです。私たちの夫婦生活のプライベートな側面に関しては、知られても恥ずかしくない程度の記述に収めていることをはじめにお伝えしておきます。

了解を取っているとはいっても、私がこの本を書くことに対する抵抗感はどうしても払拭されないようです。「国際結婚に対する興味」ということ自体が理解できないようなのです。そういえば、イギリスで生活していて「○○人と結婚した私」という趣旨の本を見かけたことがありません。日本であれば外国人との結婚を珍しく思い、そうしたカップルの生活が話題になり、興味を持つことは不自然ではありませんが、イギリスには国際結婚に対する興味がないようです。妻にすれば「何でそんなことに興味を持つの？」という感覚。国際結婚以前に結婚生活という他人のプライベートな空間にまなざしを向けることに一種の「いやらしさ」を感じるようです。これもイギリス人と結婚して発見したことの一つでしょうか。

そんなこともあり本書の焦点は、私たちの夫婦生活の生々しい詳細ではなく、日本人の私がイギリス人女性と結婚し、イギリスで家庭を持ち、色々気づかされたイギリス社会に関する様々な発見についてです。よって、本書の視点は、結婚生活という「内」から私の視点を通じてイギリス社会という「外」に向かって開かれています。

日本人の夫とイギリス人の妻

それでは､私の自己紹介から。私の出身は埼玉県の某市です。いわゆる「アラフォー」で、職業は日本の某大学の教授です。しかし、日本で仕事をしたことはなく、イギリスにある大学の教育施設に勤務しています。

高校生のときは、ドイツや北欧系のメロディックなスピードメタルにはまり、友人たちとバンドを組んでいました。私の担当はドラムです。この系統の音楽は今でも大好きですが、長年集めたＣＤは自宅の外のガレージにしまってあり、たまに出しては通勤途中の車の中でひそかに聞いています。

高校卒業後の１９９６年4月、あこがれのドイツや北欧ではなく、なぜかイギリスに渡ります。その2年半後、同国内で大学に進学しました。大学では社会学を専攻。その後、大学院にも進学し、最終的に博士号まで取りました。

社会学という学問を長年やっていたので、本書の中でも私はちょっと変なものの見方をするかもしれません。そんな視点を面白いと思ってくれる人もいれば、たまに「理屈っぽい」と嫌われることもあります。妻には嫌がられることもたびたびです。

続いて妻の紹介です。私より3歳年上の妻は、イギリス北部のスコットランド地方、エジンバラの出身。カンタベリー市内のある中学校の教員で、その学校にはもう10年以上勤務しています。妻の性格を形容するなら「まっすぐな人」です。質実剛健で、私の方が女々しく「グズグズ」しています。しかし、彼女は物事を頑張りすぎて時に爆発寸前の状態に陥りがちですので、物事に適当でいい加減な私がブレーキ役を買って出ています。

私たちの住んでいる地域（ケント州）の学校制度はイギリスの中でも特殊です。11歳の時点で試験があり、成績の良い上位の約25％の子供たちは特別な学校に進学します。妻の勤めているのは残りの75％の子供たちが通う学校。11歳の時点で「落ちこぼれ」の烙印を押されてしまった子供たちに自信とやる気を与えるのは大変なようです。もちろん頑張っている子供たちも多くいる一方で、いわゆる「学級崩壊」がかなり深刻なのだとか。

出産する前は週5日のフルタイムでしたが、子供が生まれてからは勤務日数を減らしています。産休は長女を出産したときと長男を出産したとき、それぞれ1年ずつ取得しました。長女の出産後は週4日働いていましたが、長男の産休後は心身ともにきつくなり3日に減らしています。職場の方はなかなか了承してくれなかったのですが「3日でなければもう辞める」と強気に出たら了承してくれたそうです。しかし子供が大きくなった最近、週4日に戻しました。

妻の勤務先の中学校には、小学校と保育園も隣接しています。娘も息子も1歳のころから妻の勤務日は毎日そこで預かってもらいました。妻の勤務先と私の勤務先もあまり離れていません。自動車で約10分の距離。妻の都合が悪ければ私が子供の送り迎えをするのも容易なので助かっていました。娘は２０１６年の９月から小学校（イギリスの小学校は４歳から）に進学、２歳下の息子は２０１８年9月から小学生。長女と同じ小学校に入学しました。学校は自宅から歩いて30分の距離。車だと5分ぐらい。いつも車で送り迎えです。

イギリス人とは？

さて、私はそんなイギリス人女性と結婚した日本人男性。そして妻の母国で生活しています。たった今、「妻の母国で生活しています」と述べましたが、それを妻に言ったら「ここは私の母国ではない」と断言されました。妻の意味するところは、私たちの住むイングランド地方は自分の母国ではないということ。妻にとっての母国はスコットランドです。また、イングランド「地方」といいましたが、イングランドとスコットランドは「地方」以上の違いがあります。それはもはや別々の国。近年、スコットランドの独立に関する国民投票があったことからも、そうした意識は明らかです。厳密にいうと、妻自身は自分はスコットランド人であり、イングランドという外国で生活をしていると感じているようです。

イングランド、スコットランドに加え、ウェールズと北アイルランドという4つの国の連合体がイギリス（グレートブリテンおよび北部アイルランド連合王国）という国家を形成しています。オリンピックのような行事、またはEUや国連といった国際機関には、この「イギリス」という単位で参加しています。妻にあてはめると、彼女の国籍という次元ではスコットランド人ではなくイギリス人。

先の「妻の母国で生活しています」という言葉に関して、「ここでいう『国』とは連合王国という単位での国家という意味だよ」と弁解したところ、「そういう意味なら私の国ね」と一応納得してもらいました。

また、妻のことを「イギリス人」と形容しましたが、これもなかなか難しい表現です。妻は自分のことをスコットランド人と意識していますが、それよりも一段上の包括的なアイデンティティーとして「ブリティッシュ」というカテゴリーを使います。これを直訳すれば「ブリテン島の人」。北アイルランドは入っていません。つまり、日本語で言うところの「イギリス人」にすっきり当てはまる言葉がありません。「連合王国の市民」と言うことも可能ですが、国籍やビザなどの手続き上の文脈以外、日常生活ではあまり聞かない言葉です。

日本の人々には私の妻に関して「イギリス人」という言葉を使って紹介していますが、これは私たちが生活しているイギリス社会では存在しない言葉なのです。これも妻と結婚してわかった発見の一つでしょうか。

本書の趣旨と構成

繰り返しますが、私は国際結婚の素人、いわば初心者です。ですから見栄を張らずに、初心者としての謙虚な記述に徹したいと思います。

しかしながら、妻と出会って結婚してから現在に至るまでの期間は、私自身にとっての激動の時代です。もちろんこの先の人生、また想像の及ばないような出来事があるのでしょうが、現時点から振り返ると比較的短い時間に本当に色々なことが起こりました。

本書の趣旨としましては、まだたった数年間ではありますが、私の（国際）結婚・家庭生活を通じてイギリスの世の中の一端を垣間見ることにしたいと思います。私の実生活の記述について「ふーん、こんな生き方をしている人もいるんだ」程度に考えてください。

せっかく長年社会学をやっているので、本書ではイギリスの社会調査の統計データなどを所々で使用しています。私の個人的な経験を、イギリスの社会全体と照らし合わせて見てみるのも面白いかと考えました。私の経験や思考がイギリスの中で平均的なものなのか、稀なものなのかがわかっていただけることでしょう。基本的に私の存在や経験は後者です。日本との比較もたくさん出てきますが、本書の趣旨は国際比較ではありません。しかし、日本と比較することによって、日本での生活感覚を指標にしながら、私のイギリスでの（稀な）生活体験を想像することができるはずです。

妻と私の人生において、ここに書いてあることはいわばまだ「最初の一歩」でしょう。これから二歩、三歩と共に歩んでいかなければなりません。しかしながら国際結婚の「最初の一歩」について知りたい人もいるかもしれません。記憶が薄れないうちに、私たちが経験したこの一歩について記録しておきたいと思います。

というわけで、あくまで私が述べることができるのは、国際結婚初心者の日本人夫という視点から、イギリス人妻と結婚して、イギリスの地で思い感じたことです。そこで本書では、私にとって国際結婚の大先輩であるグリーン光子さんにも登場していただき、私がこれまで経験した国際結婚・家庭生活の「それ以降」のステージについても色々語っていただきます。光子さんは私とは対照的にイギリス人男性と結婚した日本人女性。そして同じくイギリスに住み家庭を持っています。

ここに私が記述している国際結婚生活の初段階の経験は、結婚生活が私よりずっと長い光子さんの記憶の中ではすでに薄れてしまっているようですので、私が語ることにも意義はありそうです。そして光子さんは、私とは違った妻・母という立場から、私にとってはまた未知の領域である、国際結婚の円熟したステージについて語ってくださります。私も光子さんの体験談から色々勉強させていただきます。

2. 超少数派として生きる

日本において国際結婚は、昔に比べて増えている（正確には２００６年をピークに減少中）とはいえ、今でも珍しいことだと思います。その中でも欧米人女性と日本人男性が結婚し、さらに妻の母国で生活する日本人夫は超希少種です。まずは、その私という存在の「稀少さ」について長々と語っていきます。

欧米人の女性との結婚、さらには、海外での生活にあこがれる日本人男性はどれぐらいいるのでしょうか？　もしそのような「夢」を持つ人がいましたら「国際結婚をして妻の国に日本人夫として生きることは、超少数派の人生を生きることへの覚悟が必要である」ことを肝に銘じておくべきでしょう。おそらく、私と同じような境遇にある日本人夫の方々もそれに同意してくれると信じています。

日本の国際結婚統計

皆さんが国際結婚と聞いてイメージするのは、日本人女性と欧米人男性という組み合わせではないでしょうか？　私たち夫婦のような日本人男性と欧米人女性のカップルはあまりイメージされません。

私が結婚した２０１１年、私と妻の婚姻届をロンドンの日本領事館に提出しました。ですから一応私たちの結婚も日本の統計情報に載っていることと思います。以下、厚生労働省の『人口動態調査』にある「夫妻の国籍別にみた年次別婚姻件数」を参照しました。

２０１１年の日本の婚姻件数総数は66万１８９５。その内「夫妻の一方が外国籍」の婚姻、つまり「国際結婚」は2万５９３４件で、全体の３・９％です。

さて、その国際結婚件数のうち「妻が外国籍で夫が日本人」というのが1万９０２２件、国際結婚全体の73％を占めています。「夫が外国籍で妻が日本人」というケースは６９１２件で国際結婚の27％。しかし、欧米人との結婚に関してはこのパターンが逆になります。アメリカ人と日本人との婚姻において「妻がアメリカ人で夫が日本人」２０２件に対して「夫がアメリカ人で妻が日本人」が１３７５件。後者がアメリカ人と日本人との国際結婚のうち87％を占めます。イギリス人と日本人の婚姻も同じパターン。「妻がイギリス人で夫が日本人」

53件に対して「夫がイギリス人で妻が日本人」が２９２件。後者がイギリス人と日本人間の婚姻の85％です。以上は２０１１年のデータですが、基本的なパターンはそれ以降も毎年変わっていません。

さて、２０１１年において「妻がイギリス人で夫が日本人」の婚姻は53件でした。私たちはこのうちの一つ。そしてこの件数は、２０１１年のイギリス人との国際結婚の15％、国際結婚全体のわずか０・２％にすぎません。つまり、私と妻は日本人の国際結婚としても結構稀なケースなのです。

イギリスの国際結婚

それでは、イギリスではどうなのかと思い調べ始めたら、日本に存在するような夫妻の国籍別に見た婚姻件数のデータが存在しませんでした。唯一、指標になるのは「パートナーシップにおける人種・民族構成」のデータです。ここでいうパートナーシップとは婚姻関係のみではなく、同棲関係も含め、同じ世帯に住んでいるという意味です。

結論からいえば、イギリスにおいて白人女性と日本人男性という組み合わせをあまり見かけることがありません。それらしきカップルを見かけたとしても、男性側が中国系のイギリス人であることが主です。イギリス国内においても妻と私は稀なカップルで、超少数派としての人生を生きています。

まずは、イングランド地方とウェールズ地方における人種・民族構成と日本人の数を調べてみましょう。

イングランド地方とウェールズ地方における人種・民族の割合は「白人」が86％、「アジア系」が7・5％、「黒人」が3・3％、「混血」が2・2％、そして「その他の民族」が1％。妻は「白人」。私は「アジア系」に入ります。しかし、「アジア系」と呼ばれる人たちは主に「インド」（2・5％）、「パキスタン」（2％）、「バングラディッシュ」（0・8％）、そして「中国」（0・7％）に分類されて、「日本人」は「その他のアジア系」に含まれます。「その他のアジア系」は約1・5％。そこに含まれている日本人は全体の約0・059％で、数にして3万2936人です。

イギリスで「アジア」というと「インド」「パキスタン」「バングラディッシュ」という国々がまず連想されますが、ここには「中国」も追加されているので、その中国のご近所の「その他のアジア系」として「日本」を含めるのが一般的です。

さて、イギリスにおいて最大多数派である「白人」グループ。私の妻はこのカテゴリーに属します。イギリスの「白人」の内、異なる人種や民族出身のパートナーを持つ人は極めて少数派です。ここでいうパートナーとは婚姻関係のみを意味しているわけではありません。同棲関係も含め、同じ世帯に住んでいるという意味です。

イングランド地方とウェールズ地方において、カップルを形成して同じ世帯で同居している16歳以上の人の、人種や民族構成を見てみましょう。

「白人」に属する人々の中でも、「イギリス系白人」を自称する最大多数派において、異なる人種や民族出身のパートナーとの世帯を持っている確率は4％。しかし、同じ「白人」でも、「アイルランド系白人」「ジプシー系白人」「その他の白人」といった、いわば「白人」カテゴリー内のマイノリティグループでは、その確率がぐっと上がります（それぞれ71％、50％、39％）。

私の妻は「イギリス系白人」の中のこの4％に属します。数にして約93万3０００人。これは「イギリス系白人」の人たちが異なる人種や民族出身の人々を特別嫌っているという意味ではありません。総人口の80・5％を構成するこのグループが、残りの19・5％に属する人とパートナー関係になる確率は当然低くなります。逆に人口の1％にも満たない「アイルランド系白人」が、残り99％を構成する他のエスニックカテゴリーに属する人とパートナー関係になる確率は高くなるわけです。

しかしながら、「イギリス系白人」に関しては、統計上、周りの19・5％の人間が異なる人種や民族出身でいながら、そうした人々とパートナー関係になる人はわずか4％。「アイルランド系白人」においては周りの99％が自分とは異なる人種や民族であるにもかかわらず、そうした人々とのパートナー関係は50％にとどまっています。

私が属する「アジア系」の大分類において、まず「インド系」「パキスタン系」「バングラディッシュ系」の異なる人種や民族のパートナーを持っている確率は、それぞれ12％、9％、7％とかなり低め。それぞれのグループの総人口に対する構成比率は「インド」が2・5％、「パキスタン」が2％、「バングラディッシュ」は0・8％でありながら、それぞれのグループ内でほとんどの人が同じ人種・エスニシティ出身者とパートナー関係にあるのです。「中国系」についてその確率は男女差が大きくあり、男性20％に対し女性39％。ほかに比べればちょっと高めですが、人口のわずか0・7％を占めるこのグループでも6割から8割は同じ人種・エスニシティの個人間でパートナーシップを持つ傾向にあります。

実際には様々な社会的原因があり、自分と同じ人種や民族の人とパートナー関係になることが一番多いようです。異なる人種や民族出身の人々がイギリス中均等に散らばって生活しているわけではありません。ある特定のグループの密度が濃い地域が点在しています。同じ人種・エスニシティの人との方が出会いの機会も多いでしょう。私自身についても、日本人はイギリス人口のわずか0・06％前後のはずなのに、イギリス国内に住む日本人の知り合いが多くいます。さらに、たとえ異なる人種・エスニシティの人々との出会いがあったとしても、文化や価値観の違いを持つそうした人々との人間関係が、交際関係に進展し、さらにパートナーシップにまで発展する歯止めになることもあると考えられます。

イギリスにおける「イギリス人妻と日本人夫」

「妻がイギリス人で夫が日本人」の婚姻は、日本人とイギリス人との国際結婚のうちの15％と前述しました。イギリス国内に住んでいる私の実体験として、イギリス人と日本人間の国際結婚のうち、夫が日本人というケースが15％もあるという気がしません。日本人の夫はそれよりずっと少ない気がします。

私は現時点でイギリスに居住していて、2人の子供たちを毎週土曜日に地元の「日本人補習校」というところに連れて行っています。もともとこの補習校は、一時的に海外にいる日本人子女が日本の学校の勉強に遅れすぎないようにとの「補習」を目的に設立されたようです。しかし実際には、私たちのように現地に永住している、日本人の親を持つ子供たちばかり。ほとんどの親が日本語を学習させたいとの目的で子供を入れているのではないでしょうか。

ここの補習校には、ケント州中の日本人の親を持つ子供たちが集まっています。そのほとんどがイギリス人の夫を持つ日本人の母親の子供たち。全部で50近い家族が来ているようですが、イギリス人妻を持つ日本人夫は私のほかにもう1人いました。２人で「私たちはレアですね」と笑い合っていましたが、その人もやめてしまったので、現在は私ひとりのみ（実は私の子供たちもこの補習校を近々去る予定なので、イギリス人妻を持つ日本人夫というケースはゼロになりそうです）。

全体的に日本人夫の比率が15％でも、イギリス国内でイギリス人妻を持つ夫の確率はそれよりずっと低くなる理由は何だろうと考えてみました。その原因は「仕事」ではないでしょうか。統計的な証拠等はありませんが、経験的な話として、男性にとって仕事は非常に大事だと感じています。もちろん女性の人生にとっても大事ですが、それを捨てる決断ができる男性はあまりいないと思います。

つまり言いたいことは、男は仕事がある国にとどまり、そこで結婚し夫になる傾向が強いということ。言い方を変えると、夫婦は夫の定職のある地で生活し、夫が転職・転勤となったときに家族で移動する傾向にあるということです。我が家も共働きですが、もし私が転職し、日本に行くとなれば、妻が仕事を辞め一緒に日本に来ることは確実です。私の稼ぎの方が大きく、妻の稼ぎだけでは食べていけないし、妻には仕事に対する執着がありません。妻の姉家族も夫の転職等で色々引っ越しを繰り返しています。

いくら女性の社会進出が進んでいるとはいえ、現実的には夫婦・家族生活においては夫の仕事が支配的に作用しています。それが良いか悪いかは別問題で、そういう傾向性という現実が存在するということです。

イギリス人女性と日本で結婚し、仕事を捨てて妻の国に渡る男性は稀でしょう。イギリス人妻がイギリスに仕事を見つけても、夫も同じくイギリスに職を見つけられない限り、夫婦・家族でイギリスに渡ることはあまりないと思います。例えば、妻が妊娠・出産となった場合、夫に収入がなければ生活は難しいですよね。すでにイギリスで働く当てがあるのであればともかく、外国で職探しというのは、ビザの問題もあるし、色々難しいものなのです。

それとは逆に、日本人妻がイギリス人夫と一緒にイギリスに渡るにあたって「妻の仕事」という敷居は低い感じがします。すでにイギリス人夫がイギリスでの職を得ている、または就職の当てがあるケースがほとんどだからです。それが、イギリス国内における日本人夫の存在をより稀な存在にしているファクターなのではないでしょうか。

イギリスにおける「イギリス人母と日本人父」

イギリスの国際結婚についてのもう一つの手がかりを紹介します。例えば２０１３年、イギリス国内では70万人近い子供が生まれました。その内、両親のどちらかが外国出身である割合は約12％。国籍が異なるカップルが家庭を持つ場合、同棲ではなく、婚姻関係にある可能性がかなり高いと思われます。ビザなどの関係上、イギリスで家庭を持つうえで婚姻が条件になるからです。

以上のデータから察するに、イギリスの国際結婚比率は日本の３・３％に比べるとかなり高い可能性があります。

また、日本人の夫とイギリス人妻のパターンが極めて稀であることは前述しましたが、日本人の父親とイギリス人の母親という家族構成ももちろん稀です。言い方を変えますと、イギリス社会で日本人の父親を持つ子供は非常に少ないということです。

私たちの第一子、長女が生まれたのは２０１１年の末ごろ。第二子、長男が生まれたのはほぼちょうど2年後の13年の年末。以下、前述したのと同じイギリス統計局のデータから、２０１１年の数値の隣に２０１３年の数値を括弧書きで添えておきます。

２０１１年（または２０１３年）のイギリスの合計出生数は72万３９１３件（69万８５１

2件）。うち、母親父親ともにイギリス人のケースは46万４７８５件（44万３１１０件）で、全体の64％（63％）。要するに36％（37％）は片方、または両方の親が外国人です。イギリス以外のＥＵメンバー国出身の親が多いのかと思いきや、片方または両親がイギリス以外のＥＵ加盟国出身であるケースは７・６％（８・５％）。つまり20％近くの子供がＥＵ圏外の国出身の親を持っていることになります。

父親の出身国に限定してみましょう。２０１１年（または２０１３年）に生まれた子供の父親で、イギリス以外の国の出身者は23・７％（24・６％）。うち、５・６％（５・５％）がＥＵ出身で、残りの18・１％（19・１％）がＥＵ圏外出身の父親。

ＥＵ圏外の父親の出身国として特に多いのがパキスタン、インド、バングラディッシュ、ナイジェリアです。統計上「日本」は「東アジア」というカテゴリーに含まれていて、日本出身者の父親数を測ることはできません。「東アジア」に含まれる国や地域は中国、香港、日本、韓国、マカオ、モンゴル、台湾。

２０１１年（または２０１３年）に生まれた子供の父親が「東アジア」のケースは４０３０件（３７２４件）。その内、「東アジア」の父親とイギリス人の母親というパターンは４６４件（４５０件）。日本人の父親はさらにわずかでしょう。

私がイギリスにとどまることになった経緯

ここまで、私が20年以上もイギリスにいる経緯についてきちんと説明していませんでしたね。日本の高校を卒業して渡英したことはお話ししましたが、その目的はイギリスの大学に進学することでした。正確に言うとイングランド地方の大学です（スコットランドでは制度が異なります）。まず、イギリス国内の大学で勉強するのに必要な英語の勉強を始めました。そして、某カレッジで大学の準備課程と大学1年と同格の課程まで修了させました。その後、イングランド地方の大学に2年次から編入。社会学を専攻します。イングランドの大学は基本的に3年間なので、そこで2年間勉強し卒業しました。

卒業の成績は何とか「中の上」。一応、その成績で修士課程に進学できることになり、そのまま同じ大学で社会学と社会調査論を専攻しました。その修士課程在籍中、ある先生に「私が面倒見てあげるから博士課程に進んでみない？」と誘われました。最初は冗談かと思いましたが、その先生から3回ぐらい同じ誘いを受け、これは本気らしいと悟りました。突然巡ってきたチャンスに私も乗り、また運よく必要な学費も借り受けることもでき、博士課程への進学が実現することになったわけです。

博士課程を修了したときにこれも色々な縁で、イギリス国内で職を得ることになりました。

それまで、学生ビザで暮らしていましたが、期限が切れる寸前にイギリスでの就職が決まったので、そのまま就労ビザが取れたわけです。

さて、その翌年ぐらいでしたでしょうか。「外国人がイギリスの永住権を得るにあたって、英語のテストとイギリスの文化についてのテストを実施する」との方針がイギリス政府から発表されました。そのころ、私は学生ビザと就労ビザでイギリスで生活した年数が合計10年を超え、永住権の申請資格があったのですが、それにはお金もかかり膨大な申請書類を書くのも面倒なので、ずっと申請しないでいました。しかし、この話が出てきて、テストが嫌いな私は、それが施行される直前にさっさと申し込み永住権を得たわけです。

無事に永住権を取得し、これからはビザの心配をする必要がありません。選挙の投票権がない以外は、イギリス人と同じ生活ができます。そして、仕事にもありつけて、経済的に自立できることになりました。その仕事ですが、現在、私の雇用上の所属は日本の大学で、勤務先はその大学が設立したイギリスの教育機関です。給与が日本から来るので、為替によって金額が変動する複雑さがありますが、何も問題無く生活できています。

そのようにイギリスでの生活が安定してきたのが２００９年ごろ。妻と出会ったのはその年の年末です。それでは次章は妻と私の出会いについて。

3. 出会い

妻と初めて出会ったのはイングランド南東部の街、カンタベリー市街にあるパブでした。そもそも私は社交的でありませんが、たまに会って交流をする友達は数人います。そのうちの一人、パトリック（仮名）に誘われてパブに出向いたのでした。２００９年の12月、クリスマス・イヴのことだったと記憶しています。

パトリックとは大学の博士課程に在籍していたときに知り合いました。私は社会学で、彼は芸術史を専攻していました。そのパトリックのロンドンでの就職先が決まり、送別会を行うことになったのです。

パトリックは当時の妻とも友人関係にありました。しかし私たちはパトリックという共通の友達がいながら、このときまで会ったことがありませんでした。パトリックはとても社交的でよくホームパーティーなどを開くのですが、そうした場があまり好きではない私は、色々と理由をつけて誘いを断っていました。彼とは一対一で小難しい学問的な話をする方が好きだったのです。そんな私とは対照的に、社交的な妻はパトリックの誘いによく乗っていたようです。

英会話の技法？

この送別会を企画したのは「もちろん」パトリック本人。誕生日会などもそうですが、祝ってもらいたい本人が自分で企画し、来てもらいたい人を招待するのがイギリス流です。と言っても、後述するようにパトリックはアイルランド人なので、おそらくアイルランドも同じ習慣なのでしょう。私も妻もパトリックから「自分の送別会に来い」と招待を受けました。

パトリックの友人たちがパブに集い、私も彼を囲んで同じテーブルに座りました。その隣にいたのが妻でした。彼女が黒い服を着ていたのは覚えていますが、どのような話をしたのかは記憶がありません。困ったことに、このようなシチュエーションになると、私はパトリックのアイルランド訛りの英語を聞き取るのに苦労します。一対一で話せば、わからないところを聞き返して、きちんとした会話ができますが、妻やほかの人が混じると彼の言っていることは半分ぐらいしかわかりません。これはいまだにそうです。でも、一応わかったふりをして、適当に笑ったりしてごまかしています。

さて、もう言ってしまいましたが、パトリックはイギリス人ではなくてアイルランド共和国の人です。（ちなみにこの文章を私はＥＵ離脱直前の大混乱の中で書いています）当時はイギリスもアイルランドもＥＵ加盟国だったので、パトリックはＥＵ市民としてイギリスで職探しをして仕事を見つけました（私がこの文章を書いている時点において、イギリスのＥＵ離脱後、アイルランド市民がイギリス国内でイギリス国民と同様の就労の自由を得ることはないと思われます）。アイルランドの人もイギリス人と同じように英語を話します。アイルランド訛りの英語ですが、イギリス国内にも様々な訛りがあるので、そうした中の一種類といった感覚。イギリス国内の芸能界で活躍するアイルランド人も多くいます。

このように英語が聞き取れず、会話についていけない窮地に陥ったとき、私が使う「技」があります。まず、とりあえず聞き取れる単語を見つけます。それを見つけたらその単語を質問調に語尾を上げて相手に問いかけるのです。例えば「……ＤＯＧ……」という感じで、「ＤＯＧ」が聞き取れたら、即座に「ＤＯＧ?」と投げかけます。そうすると「そうなのよ、そのＤＯＧとはね……」と相手が説明を始めます。それを繰り返すと徐々に会話の主導権が自分に移行し、自分がわかる話題へとシフトすることが可能なのです。

この送別会もそうして何とか乗り切り、ちょっと早めに失礼して退席しました。一応、これが私と妻の初めての出会い。共通の友人であるパトリックの送別会が私たちの縁をつくってくれたわけです。

ブッククラブ

その後、私たちが再び会ったのは、年が明けた1月下旬のこと。妻が自宅で開催するという「ブッククラブ」に招待してくれました。「ブッククラブ」とは読書会のようなものでしょうか。みんなで同じ本について感想を話し合うという集まりです。次の集まりまでに読む本が毎回指定されて、各個人で読み、それぞれ思ったことを議論し合います。

このブッククラブは妻の友人であるシネード（仮名）が立ち上げたものです。シネードもパトリックと同じアイルランド人。クラブのメンバーの年齢は20代後半から30代の男女が中心です。シネードと妻が教育関係の仕事をしていることから、メンバーには学校の先生が多い感じがします。しかし、コンピュータのプログラマーやＩＴ関係者、カフェの経営者など別業種の人も。メンバーのリストを見る限り30人以上いますが、いつも来る人、ほとんど来ない人など、様々です。

ブッククラブはリアルなソーシャル・ネットワーキングのような存在でもあります。初対面でも共通の本の話題を媒介にして、知り合いになることができるからです。確かに妻が属するブッククラブに来る人たちにカンタベリー出身の人は少なく、様々な理由で故郷を離れカンタベリーで生活している人が多数派です。

ブッククラブを開催する場所ですが、基本的にメンバーが交代で自宅を提供します。ホストはおつまみやお菓子、紅茶・コーヒー、ジュース等を用意。お酒などは他のメンバーが各自提供するという暗黙のルールがありました。基本的に平日の夜でしたが、たまに趣向を変えて休日の昼間に開催することも。

イギリスには約5万のブッククラブが存在すると言われています。メンバー構成は女性が支配的と聞きましたが、シネードのクラブに関しては男女半々ぐらいでしたでしょうか。ちなみに、イギリスで一番古いブッククラブは１７６４年に設立されたものだそうです。

さて、今回の集まりは当時の妻の自宅で開催され、そこに招かれたわけです。私は日本人の習慣が抜けず、集合時間のちょっと前に到着しました。しかし、他のメンバーはまだ誰もいません。２人きりの少々気まずい雰囲気になってしまいましたが、指定の時間を15分ほど過ぎたところで集まり始めました。その晩は全員で5〜6人だったでしょうか。

私と妻の共通の友人であるパトリックもそのブッククラブのメンバー。「パトリックもいるなら」ということで私も参加することにしました。社交的でない私にとって、全く知らない人だらけの状況はかなり気まずいと避けていたのですが、肝心のパトリックがその日は欠席という予期せぬ事態に陥りました。しかし、実際には妻が焼いたカップケーキをみんなで食べながらの雑談が主で、本の話もないまま「あなたもこのブッククラブに参加しない？」という流れに。そうして、そろそろお開きというときに「そう言えば本の話をしなくちゃ」とシネードが言い出しますが、その日のメンバーのうち本をきちんと読んで来たのは半数ぐらい。全部読んだ人が内容を説明しつつ、中途半端な議論と感想を言い合って終了。そして次の順番の人が来月の本を指定しました。

以前目にした新聞記事に「新しいブッククラブを立ち上げたい人への5つのコツ」が掲載されていました。

1. 人々が落ち着ける場所を探す。個人の家でも、公共の場所でもよし。
2. おつまみやお菓子を少々準備。勉強ではなく娯楽であることを強調するため。
3. 最低限のルール。話題をむやみに本からそらさないなど。

４．次の本を選ぶ時間を設ける。本選びも一つの楽しみ。
５．読んだ本のリストを作る。後で見返すと楽しい。
上記にあてはめれば、1と2については合格ですが、３に関しては完全に失格の会でした。しかし私にとっては不幸中の幸い。本の話題だけ話されては、前述した「技」を駆使しても、おそらく完全孤立だったでしょう。

また、英語で本を読むのはあまり得意ではない私ですが、全部読んでこなくても大丈夫なノリだったので、次回も参加することにしました。そこに集まった人たちが結構知的で面白く、また会ってみてもいいかなと思ったのです。

急展開

その後、私と妻は何回かデートをしました。当時の妻の自宅の近くの湖や中世からの建物が残る村を一緒に散歩しています。カンタベリーの周辺地域に関しては、妻よりもこの地域に住んでいる年数の長い私の方が詳しくて、彼女が知らなかった海辺の街などに一緒に遊びに行きました。また、２月のブッククラブはロンドンのビクトリア・アンド・アルバート美術館で開催予定だったため、2月の下旬にそこまで一緒にデートを兼ねて出かけたときは、すでに「結婚前提の交際関係」にあったと思います。5月終わりには2人でスペインに住む妻のお姉さん家族の家に泊まりに行っています。そして8月に婚約。翌年2月に結婚。まさに急展開です。

妻と出会ったころの私は自由な独り暮らしにも嫌気が差し、誰かと人生を共にしたいという思いがありました。妻も私と出会った当時、同じような心境であったようです。最初のデートの際に妻から「いつか日本に帰る予定はあるの？　ずっとイギリスにいるの？」という質問をされたのを覚えています。この裏には「すぐにどこかに行ってしまう人を好きになって傷つきたくない」という妻の気持ちと同時に、真剣な交際を考える気持ちもうかがわせていました。

このころまでに私は、この質問に自信を持って答えられる準備ができていました。答えはためらいもなく「ずっとイギリスにいる予定」です。私はすでにイギリスの永住権を取得し、カンタベリーで仕事をしていました。カンタベリーに自分の生活があるのに、わざわざ日本に帰ろうという気はサラサラありません。そもそもイギリスに生活がありながら日本に「帰る」というのも私としては変な表現です。

イギリス人の交際関係

私と妻は「結婚前提の交際関係」にすぐに至ってしまいましたが、イギリスでは稀なことです。おそらく日本でもそうでしょう。しかしながら、交際関係の通常の発展過程を比較するとき、日本に比べてイギリスの男女の関係性はとてもあいまいです。

一般的に日本では、好きになった異性に「告白」して、相手がＯＫしたら「付き合う」という関係です。「友達」と「恋人同士」の境界はかなりはっきりしているように思います。しかし、イギリスでは「告白」や「付き合う」に相当する言葉がありません。友達関係から恋人関係への移行がとてもあいまいです。友達はFRIEND、恋人同士としての交際関係にあることをIN RELATIONSHIPと表現します。私と妻はすぐに後者の段階に達してしまいましたが、通常はこの間に様々な段階があります。例えば、お互いに気が合って軽いデートをする関係であるとき、I am seeing someone. とかI am going out with someone. と言ったりします。この段階ではその相手にコミットしていません。

IN RELATIONSHIPとは、お互いがお互いにコミットしている状態。しかし、それに至るにあたって日本でいうところの「告白」はありません。お互いの関係が深まってきて、自然と移行するような感じです。関係がうまく発展して、そうして何かの機会に、例えば、男性が相手のことを第三者に「私の彼女の〜」と紹介したりするとき、女性の方は「私たちもうIN RELATIONSHIPなのね」と関係の発展にときめきを感じて、お互いコミットした交際関係に変容していくような流れだそうです。

　私は幸い妻との関係において、このように非常に面倒でややこしい、男女のやり取りをスキップすることができました。妻と私は、お互いの考えていることや気持ちが明白だったので、探り合う必要もなかったのです。私たちはお互い「面倒くさいことが嫌い」ということで一致していたのかもしれません。この「面倒くさい」が後のキーワードになってきます。

4. 婚約と結婚

「外国人と結婚すると言って誰も反対しなかったの?」とよく聞かれることがあります。意外かもしれませんが、私たちに関しては、家族・親戚から反対意見などは何もありませんでした。これはとても恵まれた状況であったと思います。

２人の個人同士の意思に基づく結婚の自由が保障されているとはいえ、双方の家族・親戚とも結びつくものです。周りの人々を巻き込むことなので、それは社会的な側面を持っています。ですから、周りの人々も自分たちにかかわることとして色々意見を持つこともあるでしょう。結婚相手の「家柄」などを気にする親族もいるかもしれません。周囲の親族が「外国人との結婚」に反対したり、否定的な意見を持ったりしていると、結婚する2人にとってはとてもつらいことになります。

幸いにも私たちの結婚話に反対意見は出ませんでした。そもそも婚約も双方の両親に事後報告。2人ともとっくに30歳を超えていましたので、どちらの両親も、結婚してくれるのであれば誰でも結構という思いがあったのでしょうか。私の両親に関して言えば「結婚相手は自分で選べ。親は何も文句言わん」と言っていた記憶があります。「親が色々口出して、うまくいかないときに親の責任にされても困る」という責任回避の意図があったのかもしれません。しかし、おかげで妻との結婚を考えるにあたって「親はどう思うだろう」云々と考える必要が全くなかったので助かりました。

婚約前に私が会った妻の親族は、妻の姉とその家族だけです。その姉は前述したようにスペイン人の男性と結婚し、すでに子供が3人いました。妻の父はイギリス海軍の潜水艦技師でしたので、従軍し任務で世界中色々なところに行ったことがあるようです。そのような経験から、人種や民族、国籍という上辺で決して人を判断しない印象を受けます。

そうした哲学は私の日本の家族にも共通するものだと思います。カテゴリーにとらわれず、人を個人単位で見る。この姿勢は日英双方の親族の立ち振る舞いに見ることができます。これは私たち夫婦がとても誇りに思うことです。

妻の祖父と私の祖父は、第二次世界大戦ではお互い敵国同士の世代です。妻の祖父は実際に従軍していました。私の祖父は、戦地には行かなかったものの、日本国内で軍にかかわっていました。しかし、私たちの日英双方の親族が共有する哲学は、それらの祖父の代から受け継がれてきたものである気がします。

その２人の祖父がこの世で出会っていたら、敵同士であった過去のことなど超越し、にこやかに笑いながら一緒にお酒でも飲んでいる気がします。そんな思いから、２人目の子供である長男には、その双方の祖父の名をつけました。

このようなお互いの親族の寛容さに恵まれ、私と妻の関係も短期間のうちに婚約、そして結婚へとスムーズに移行していきました。

日本で婚約

妻の姉家族に紹介された2か月後の２０１０年7月、私は日本に出張で一時帰国する予定がありました。そこで、私の日本での仕事が終わる時期に来日した妻と合流し、日本で一緒に休暇を過ごす計画を立てました。私の実家を拠点に国内旅行もすることになり、７月の終わりに妻が日本に到着。おそらく両親は「息子が結婚を考えている相手らしい」ことは感じていたでしょう。しかし妻とはまだ正式に「婚約」していなかったので、そのへんは濁しておきました。ですから両親は、妻のことをどのように扱ってよいのかわからなかったと思います。

　私と妻は日本滞在中に婚約する計画を立てていました。具体的には、滞在の終わり頃に富士山に行って婚約しようと考えていたのです。妻はなぜか火山が大好きです。イギリスには火山がないからでしょうか。なかでも富士山が大のお気に入りです。

　婚約旅行では、まず広島と長崎を訪れました。妻はスコットランドの某大学で国際関係論を専攻し、勤務している中学校では歴史を教えています。原爆投下という悲劇があった両都市を是非自分の目で見ておきたいということでした。その後は京都を観光。お寺や神社の写真を延々と撮り続けていました。独特な建築様式がたまらなく美しく感じられたようです。

　このとき、さらに妻を感動させたのが和菓子。日本食は世界的に知られていても、和菓子の存在を知らなかったようです。大福や羊羹、そして抹茶を使った様々なお菓子。ケーキやアイスクリーム、またはソフトクリームのような洋菓子すら抹茶などを加えて和風に変容を遂げていることに感動していました。

　反対に彼女を震撼させたのが焼肉です。生肉を目の前で焼くということに驚愕。さらに脂肪分の多い肉は大の苦手とあって、どうしても食べることはできませんでした。ラーメンなどの麺類は嫌いではありませんが、特に好みでもありません。しかし、冷やし中華やソーメン、ざるうどんやざるそばといった「冷たい麺」を食すことに関しては、信じられないようです。これは家庭環境の影響でしょうが「食事は温かいもの」という概念があり、食事として冷たいものを食べる気にならないようです。

意外に大丈夫なのは納豆。発酵食品なので「豆のチーズみたいなもの」といって紹介したら美味しいといって食べていました。もともと妻はチーズが大好き。チーズ通にとっては、臭ければ臭いほど美味しいようです。

臭いチーズがＯＫな妻ですが、現在の我が家で「禁止令」が出ているのがキムチです。私はキムチが大好きで、たまに東アジアの食品を扱っている専門店から韓国製のものを買ってくるのですが、家の中で食べるととても嫌がられます。チーズと同じ発酵食品とはいえ、妻には耐えがたいようです。そのため、風雪に耐えながら庭でひっそりと食べています。

日本での婚約旅行に話を戻しましょう。広島・長崎・京都への旅行から戻ると、婚約指輪選びに東京へ行きました。普通は男性がこっそり買って、女性に指輪を見せながらプロポーズという流れですが、効率的に物事を考える私と妻は、一緒に婚約指輪を買いに行くことに。妻が身に着けるものなので本人の気に入るものが良いと考えたのでした。幸い妻が選んだのはあまり高くないものでしたので、じゃあ、結婚指輪もついでに買ってしまおうということに。婚約前に結婚指輪も購入です。

さて、ついに富士山に出発です。怠け者の私の案で、5合目までバスで行きました。山に行きながら自分の足で登らない私に妻はちょっとあきれていましたが、そこで形式ばかりのプロポーズです。イギリスでは伝統的に、男性が女性の前に跪いて指輪を手渡しプロポーズをします。プロポーズする台詞は「Will you marry me?（私と結婚してくれますか？）」。私は恥ずかしいので妻の前に跪くことはしませんでした。「ここは日本だし、オレは日本人だから」と言い訳することも可能でしたが、妻はまったく気にしていなかったので一安心。二人とも立ったままでしたが、婚約指輪を差し出しながら、お決まりの台詞を述べて「Yes」との返事をもらいました。

さて、婚約の儀式を済ませて埼玉の実家に戻ると、ちょうどタイミングよく、私の両親と兄の家族が近くのイタリアンレストランに集まって食事をするとのこと。そこに私たちも参加し、みんなに婚約の報告をしました。これでうちの両親も安堵したようです。気まずさは解消され、妻の呼び方もお客さんの「〜さん」から、娘の「〜ちゃん」になりました。

その後イギリスに戻ると、今度は妻の両親への婚約の報告です。つまり、妻の両親へは完全な事後報告です。実は後で知ったことなのですが、伝統的にはイギリスでも、男性が女性の父親に日本でいうところの「お義父さん、私に娘さんをください！」的なお願いをして、義父の「結婚許可」を得る必要があるそうなのです。そんな知識のなかった私は、何もしませんでした。妻もそのような必要性は考えていなかったようです。妻が両親に電話で「婚約したよ」と伝えて終わり。

妻の両親から文句や苦情は一切ないので、彼らもまったく気にしていないのでしょう。もしかしたら、私が日本人なので「婚約の事後報告は日本人の風習。文化の違いだから何も言えない」と勝手に納得してしまったのでしょうか？

同棲生活

婚約の報告を済ませると引っ越しです。９月から妻は自分のアパートを引き払い私の家に移り住むことになっていました。いわゆる同棲生活の始まりです。妻の両親と初めて会ったのはそれからです。

イギリスでは同棲はかなり一般的です。それは日本と比べるとわかるでしょう。２０１２年のイギリスの15歳以上人口における未婚、同棲、結婚の割合はそれぞれ22・４％、10・４％、50・６％（残りは死別、離別、同棲解消）。日本は未婚23・４％、同棲０・２％、結婚65・４％（残りは死別、離別、同棲解消）となっています。

日本と比べて同棲の多さが大きな違いです。日本の0・2％に対しイギリスは10・4％。2014年のイギリスの国勢調査においては「同棲はイギリスの家族・世帯の16・4％を構成する」との報告がされています。

イギリスの同棲は私たちのような「結婚の前段階」的なものに限りません。家族の一形態としても認知されつつあります。例えば男女の同棲カップルの39％が「扶養のいる子供」を持っています。私の友人の夫婦は、3人の子供がいますが結婚していません。子供を持って、住宅ローンも持って、お互いにコミットしているのに、なぜわざわざ結婚しなければならないの？　という考えだそうです。

同性同士の同棲カップルもいます。イギリスでは2005年に「シビル・パートナーシップ」という制度が施行され、同性同士のカップルにも異性の夫婦とほぼ同じ権利が認められていました。さらに、同性同士のカップルからは「完全に平等」な権利を求める声が高まり、2014年、同性同士の結婚を認める法律が施行されています。しかし、あえて「同棲」を選ぶ同性カップルは多くいて、そうしたカップルの11％に「扶養のいる子供」がいます。

「同棲」というと、日本では既存社会の仕組みからは少し外れた関係と見なされがちではないでしょうか。これに対してイギリスの同棲カップルは、既に公的な夫婦と同じように機能している場合が少なくありません。その顕著な例が、前述したように、多くの未婚の同棲カップルが子供を持っているということ。言い方を変えれば、イギリスでは何十年にもわたって共同生活を営み、さらにはその過程で子供を生んで育てながらも、結婚していない人たちが大勢いるということです。

同じく２０１４年の統計局の調査によると、イギリス国内において上記のようないわゆる「事実婚カップル」に育てられている子供の割合は14％。この数字にシングル・ペアレンツ（片親のみ）に育てられている子供の割合（23％）も含めれば、実に全体の４割近くが結婚外の子供ということになります。

ではなぜ、事実婚カップルは結婚しないのでしょうか。「お互いの自由を尊重するため」「結婚は制度ではなく気持ちの問題だから」「面倒くさい」など様々な意見があると思います。その中で「結婚するだけの法律的・経済的なメリットがほとんどない」という理由が聞かれることもあります。

たしかに、結婚していなくても不都合はあまりありません。まず子供の養育に関する権利や責任について言えば、結婚と事実婚の間にはさして大きな法的な違いはないのです。唯一の違いは、結婚している夫婦が子供を持つ場合の「親権」は両親ともに保有されますが、事実婚の場合、親権登録をきちんと行っておかないと父親が親権を保有できないことがあります。つまりは、親権登録していれば法的な違いはないということ。

おそらく近年まで日本と最も大きく異なっていたのが、子供に対する法的な扱いでしょう。日本であれば、民法が改正される2013年まで、いわゆる「婚外子」の相続権について「嫡出でない（非嫡出）子の相続分が嫡出子の相続分の2分の1である」と定められていました。

イギリスでも「婚外子」に対する差別には長い歴史がありますが、それが問題視され始めたのは日本よりずっと早く、嫡出・非摘出という分類そのものが1959年に廃止されています。1969年に婚外子の相続権が平等化され、1987年の時点で婚外子に対する差別が全廃。イギリスの婚外子率は1970年前半から上昇し、今日では50％近くに達しています。その「上昇」以前の1960年代でも6〜8％台を推移。それよりさらに昔の1938年で4・2％です。

それとは対照的に日本の婚外子率は1980年で0・8％。上昇したと言われる2015年でも2・3％。日本は一貫して婚外子率が極端に低いので、婚外子に関する差別の問題が顕在化しにくく、婚外子の平等化が進みにくかったと聞きます。言い換えれば、イギリスは歴史的に婚外子率が高いので、婚外子に対する差別問題も顕在化しやすく、そのために平等化も早く進んだのでしょう。

なぜ結婚か？

しかしながら、やはり結婚するカップルは多数派です。前述したように、イギリスの15歳以上人口の半分以上が結婚関係にあり、子供がいるカップルの6割以上が結婚しています。では、なぜその人たちは結婚しているのでしょうか。

一つの理由として、事実婚と結婚の法的差異が解消されているとはいえ、それでもまだ「結婚」には、それに伴う特有の権利と責任が付随していることもあるかもしれません。例えば、遺言無しで片方が死亡した場合、事実婚カップルだと遺産は子供がすべて相続します。一方、結婚した夫婦の場合は、相手と子供が分割して相続。先ほど説明した「親権」もそうですが、事実婚カップルは遺産に関しても遺書などを残す準備をしなければ、権利が保障されません。そうした準備には手間がかかって大変そうです。

そこで事実婚カップルにおいても、熟年期を迎え、お互いの死後のことを考慮した際に、結婚した夫婦でなければ得られない遺産相続や相手方の年金を授与する権利を念頭に置いて、結婚に踏み切るに至ることが多いのだそうです。

それからもっと精神的な意味合いもあるでしょう。結婚の本質は「内面の決意を公的な場で誓う」ことにあるともいわれます。そのような過程を夫婦で経て、お互いの精神的な絆を深めるという理由もあるはずです。しかしながら、イギリスの離婚率の高さについて「結婚後10年間で約半分の夫婦が離婚」であると主張して、その本質的な意味の無さを強調する人もいます。統計局の分析によると、２０１１年にイングランドとウェールズ地方において、婚姻の42％が離婚に終わり、結婚してから15年間で32％の婚姻が離婚に至るとの推測。確かに高く聞こえますが「約半分」はやや誇張かもしれません。

さて、私と妻の話に戻しましょう。結婚しない人も多くいるので、一応２人で考えたところ、慣例に従って結婚した方が、後々面倒くさくないという結論に達しました。結婚の方が面倒で、同棲関係を続行する考えもありますが、私たちにはそのような事実婚の方が面倒に思われました。

結婚すれば「家族」として法的・社会的に認められます。これは目先の住宅ローンを借りるとき、子供が生まれたとき、万が一私たちの片方が先に亡くなってしまったときなど、何かと都合が良いはずです。また、同棲のままではこの先、お互いの国籍の違いによる障害が発生したときに不利になるとも考えました。家族になることによって、私たちが一緒に生活する権利が保障されます。国家であっても家族を簡単に解消できません。私たちは相手の国に行けばもう一方は外国人です。お互いの相手の国の入国管理や移民政策に関連してトラブルになったとき、２人が法的な家族でいることは武器になるのです。

さらに、家族、親戚、職場等々含め、結婚してしまった方が社会的にも煩わしくありません。結婚式自体はとても面倒なものですが、みんないっぺんに招待して行ってしまえば、それで終わり。「私たち2人は結婚して家族です」ということを宣言し、「２人は夫婦」とみんな簡単に納得できます。そして妻側の親族にとっても私側の親族にとっても、今後の私と妻との関係性がはっきりします。それが「結婚せず同棲」となると、同棲になじみのない双方の親族は、それに戸惑ったことでしょう。「結婚は抑圧の象徴であり、それは私たちの信条に反する」ぐらいの強い思いがあって同棲を突き通すならまだしも、面倒くさがりな私たちは状況に即して合理的な方を選びました。

さらに、結婚するとそれを解消するのはとても大変です。つまり離婚はとても面倒です。もしこの先、何か不満に感じることがあっても、それを耐え抜き、悪いところは改善し、しっかりと結婚生活を保つ動機付けともなりえます。

また、結婚の本質である「内面の決意を公的な場で誓う」ことは大きなコミットメントの象徴にもなると思いました。結婚して私たちは家族になります。親子の関係、兄弟の関係は何があっても解消できません。いくら形式上「縁切り」をしても、生物学的レベルでは親と子・兄弟のままです。結婚して夫婦になることによって、２人の関係を親子・兄弟に限りなく近いもの、要するに「解消」を想定できないような関係性にしたかったのです。

つまり、私たち夫婦は家族だから何があっても一緒にいるしかない。この「諦め」を前向きにとらえて、一緒に人生を歩む以外の選択肢がないのだから、何があっても2人で解決していかなくてはならないという気持ちです。

結婚前に私の伯母、母親の姉に、結婚生活の秘訣を聞いたことがあります。すると伯母は「忍耐」と一言答えました。これは私たちの格言になっています。

妻も昔、スペイン人義兄（姉の夫）の親戚に「結婚生活は鉄板叩きのようなもの」と聞かされたと語っていました。板金屋さんが鉄板を叩いて表面のなめし形を作っていくように、結婚生活もお互い叩き叩かれつつ人間的に成長していくという意味だそうです。結婚初心者の私たちが先輩方からいただいたありがたい教えです。ここまで「面倒くさい」を連発してきましたが、夫婦の人間関係を面倒くさがってはいけないようです。これは忍耐と努力。

もう一つ面倒なことを忘れていました。私たちの苗字です。私たちは意識的に夫婦別姓にはしませんでした。妻の姉はスペイン人の男性と結婚して夫婦別姓です。スペインでは基本的に夫婦別姓らしいのですが、子供は父親の苗字を引き継ぐそうです。お姉さん夫婦には3人の子供がいるのですが、お姉さん1人で子供たちを連れて国境を渡るとき、いつも3人は自分の子供か色々聞かれるとのこと。そんな話を聞き、私たちは同じ苗字にすることに迷いはありませんでした。

私たちも子供を連れて頻繁に国境を越えます。結婚したらすぐに子供を持ちたいと考えていましたので、子供の存在を想定して考えました。私の親族に会いに日本へ行くとき、妻の姉家族の住む国に行くとき、それらの国々からイギリスに戻るとき、家族一緒の苗字であれば無駄な手間が省けそうです。

さて、問題は私と妻のどちらの苗字かということです。私は妻の苗字を名乗ることにあまり抵抗もありませんでした。また、お互いの苗字をハイフンでつないで長い苗字を作るのも格好いいかなとも思いました。キャサリン・ゼタ＝ジョーンズとかダニエル・デイ＝ルイスみたいな感じです。しかし、予想に反し妻はあっさりと私の苗字を名乗るつもりでした。イギリスでも伝統的には妻が夫の苗字を名乗ることが慣習としてあるので、わざわざそれに逆らうのも面倒という合理的思考があったかもしれませんが、おそらく結婚して苗字が変わることへの「密かな憧れ」が妻の胸中にあったのではと察しています。

日本での結婚（前）パーティー

私たちが日本で婚約してすぐ、私の両親と兄がその年の年末に私たちの結婚パーティーを日本で企画していました。私の母方と父方の親族がそれぞれみんな集まってお祝いすることにしたから、それに合わせて日本に来いとの知らせです。

そこで12月の中旬からクリスマス休みに合わせて日本に帰国することに。日本に着いた私たちは、まずは父方の親族でパーティーに出席するため埼玉県の北部を訪れました。その数日後は母方の親戚とのパーティー。25日に仙台まで新幹線で向かいましたが、クリスマスの日が普通の仕事日で街の商店も普通に営業していることに妻がびっくりしていました。日本には欧米のようなクリスマスの伝統がないので当たり前の話ですが、彼女にとってクリスマスが営業日とは初めての経験だったようです。そして仙台の某ホテルでパーティーです。私と妻は着物を着せてもらいました。これらのパーティーは妻にとって日本の宴会の初体験。歌あり踊りありの、とても楽しい日本を経験してもらいました。

結婚式に至るまでの色々

さて、今度はイギリスでの私たちの結婚式です。日本では結婚の前祝パーティーでしたが、こちらが本物です。

２０１０年に婚約した当初「結婚式は約1年後」と考えていました。ところが私の父親の一言で予定変更です。父親曰く「善は急げだから、もっと早く来月とかにやっちゃえば？何もわざわざ1年も待つ必要もないでしょ」。これはイギリスの常識を打ちやぶる衝撃的な発言でした。イギリスの平均的な婚約期間については色々な異なる数値が散在しています。ある記事によると２０１５年の調査で14・５カ月という結果。しかし、２０１４年のある記事は19カ月という数値が出ています。後者によると、２００４年から14年の10年間に平均婚約期間が25カ月から19カ月に縮小したとのこと。さらにカップルの年齢が高いほど婚約期間が短い傾向にあり、30歳以下のカップルの平均婚約期間が21カ月であるのに対し、30歳以上のカップルは14カ月でした。前者の調査に近い数値になっています。どちらにしても婚約から1年後の結婚は平均的なものと考えてよいでしょう。

もっと細かく言うと、婚約カップルの80％が1年以上の婚約期間を持ち、2年以上が30％というデータもあります。そして、結婚式の準備を12カ月未満で行うカップルは18％しかないそうです。ちなみに私たちの婚約期間はたった6カ月。その中で結婚式の準備もしました。イギリスでは例外的ということになります。

私たちの結婚式は2月に行いました。これはとても不人気な月で、２０１４年のあるレポートによると、1月に次ぐ下から第2位。2月に行われる結婚式は全体のわずか３％です。

逆に最も人気なのが5月から9月にかけての5カ月間で、年間の結婚式数に対する各月の割合は5月（10％）、6月（12％）、7月（14％）、8月（15％）、9月（13％）。「ジューンブライド」という言葉があるので6月が一番人気かと思いきや、そうでもありませんでした。

そして結婚式を行う曜日ですが、土曜日がダントツの1位。54％の結婚式が土曜日に行われています。2位は金曜日で20％。意外に日曜日が6％と少ないのです。結婚式はその後のパーティー等も含め夜中まで盛り上がりますので、次の日が仕事だとつらいですよね。やはり、翌日のお休みでその疲れをとる必要があるのでしょう。

さて、私たちの結婚式について語る前に、イギリスの一般的な結婚の手順に関して説明します。まず16歳以上であることが条件です。18歳以下である場合は保護者の許可が必要。そしてスコットランド地方と北アイルランド地方では法的な手順が異なりますので、ここではイングランドとウェールズ地方の例を紹介します。

結婚したいカップルは各地域の登記所に結婚の申請を行います。そのためには、その登記所が統括する地域に7日間以上住んでいなければなりません。そして申請すると、そのカップルの結婚について「これこれしかじかの者たちが結婚をするけれども……」という内容の文書が登記所に張り出されます。

この張り出し期間は通常28日間。イギリス人同士のカップルの場合は15日間まで短縮されることがありますが、カップルの一方や両方が外国人ですと最大70日まで期間が延びることがあるようです。この最初の申請にかかる料金が通常は35ポンド。しかし、カップルの一方や両方が外国人で、必要書類がそろわない場合は、47ポンドになることもあります。

上記の結婚告知期間が無事過ぎると、婚姻証明書にサインすることができます。これにはまず2名の証人を立てなければなりません。さらに婚姻の法的な手続きを取り仕切る資格の所有者を呼ぶ必要があります。前者は友人か家族であり、後者は登記所の専門職員、または聖職者などです。

そして証人のもと、登記所職員や聖職者の指示に従い、夫婦の愛を誓う宣言をして指輪交換。婚姻証明書にサインをして結婚が成立します。登記所の事務所でこれらを行えば登録料46ポンド。結婚証明書の発行料は4ポンド。事後の再発行料は10ポンド。挙式を行える場所は法律で定められていて、登記所のほかにも、区役所で認証を受けているホテルや邸宅、または教会などの宗教施設があります。

登記所で結婚式を行う場合は１１９ポンド、教会の場合は４１３ポンド。後者の場合、自分の所属する教区外で行う場合はちょっと割高になることもあるようです。以上は法的に最小限必要なことだけで済ませる挙式ですが、後に説明するように、実際には色々付け加え、もっとお金をかけるのが通例です。

こうした結婚の手続きに至るまで、外国人にはいくつかのハードルがあります。ただし、EU加盟国に加えアイスランド、リヒテンシュタイン公国、ノルウェー、またはスイスの国籍保有者はほぼイギリス人と同じ扱いです（イギリスのEU離脱直前にこの文章を書いていますが、離脱後、EU市民に関してどのような手続きになるかは不明）。それ以外の国籍の人については、その人がすでにイギリスに定住していれば大きな問題はありません。私はこのケースでしたのでラッキーでした。しかし、イギリス国外に住んでいる場合、イギリス国内でイギリス人と結婚するためには、事前に特殊なビザを取得しなければなりません。

日本に住んでいる日本人とイギリス人のカップルがイギリスに引っ越すような場合も同様です。たとえ2人が日本国内で婚姻関係にあっても、日本の結婚が自動的にイギリス国内で認められるわけではありません。カップルのうちイギリス人側が、日本人パートナーをイギリスに呼び寄せるためのビザ申請を行うのが一般的です。

まず条件として、パートナーが18歳以上であること、イギリス以外の国でその国の法律に基づいた婚姻関係にあること、または婚約関係にあり、2年間以上カップルとして一緒に生活していること。そして、イギリス人側のパートナーにイギリス国内で1万8600ポンド以上の年収があること。子供が1人いる場合は年収2万2400ポンド以上であること。子供が1人以上いる場合は1人当たり2400ポンドが条件に追加されます。さらにビザの申請費用はなんと１１９５ポンド。

そのビザ申請が認められたら、晴れてイギリス国内でカップルとして生活することが可能になります。ここで初めてイギリス国内での結婚に向けた手続きが始められるのです。前述のごとく、ある登記所の管轄区内で7日以上生活すれば、その登記所で結婚の申請をすることができます。

さて結婚式に話を戻します。挙式にかかる平均費用は資料によって数値が大きく異なりますが、平均総額約2万4千ポンドとする記事を参考にしましょう。

1ポンド１５０円と仮定すると３６０万円です。しかし要注意。ここでの結婚費用総額には「新郎新婦へのギフト代」のような主催者側ではなく来賓が負担するものまで含まれています。さらに主賓の衣装代などの必ずしも主催者の負担とならないものも含め差し引くと、総額は約2万2千ポンド（３３０万円）ぐらいです。

２０１５年の調査によると、日本における結婚費用の平均総額は４６０万7千円で、そのうち挙式と披露宴の平均総額は３５２万円。そのほか婚約指輪や結婚指輪、そして新婚旅行などの費用が発生します。しかしながら、71・3％のカップルは親や親族からの援助があり、その援助費用の平均はなんと１６２万円。さらにご祝儀の平均総額が２２７万1千円ですので、平均的なご祝儀と親・親族の費用援助に恵まれれば、カップルの負担額は71万6千円となります。

イギリスでは挙式の費用に関して花嫁の父親が出すという風習はありますが、最近ではカップル自身が支払うケースも増加しているそうです。私たちも基本的に自分たちで費用を負担しました。ただし、費用はイギリスの平均よりもずっと安く、その3分の1程度だったでしょうか。また、双方の親族からの資金援助もあったので、経済的には比較的楽でした。

日本のご祝儀に相当すると思われるのが「ギフト代」で、平均総額1954ポンド（約30万円）があります。これは結婚式やレセプションに招待された人が新郎新婦に送るギフトの平均総額。日本のご祝儀に比べるとかなり控えめですね。日本人はお祝いとしてお金を贈りますが、イギリスでは新居で使える物を贈る人が多いです。例えば、アイロンや花瓶、食器など。

しかし、現在は結婚する前に同棲しているカップルが多いので、そのような物を既に持っていることがあります。その場合は、カップルから出席者へ「Wedding List」と呼ばれるリストが渡されます。これは、カップルが欲しいプレゼントのリストをデパートやお店で登録をし、招待客はこのリストの中から2〜200ポンド（300〜3万円程）のプレゼントを1つ選び、カップルに贈るというもの。すべてネット上で管理されているので、プレゼントが重複する危険もなく、とても効率的です。

私たちはこのようなプレゼントをすべて無しにしました。２人とも長年1人暮らしをしており、すでに家財道具が一式そろっている状態だったので、ギフトはお断りして、その代わりにチャリティーへの寄付を募集しました。

さて、イギリスの結婚費用の内訳を発表しましょう。まずもっとも額が高かったのが「レセプション代」で７２５２ポンド。「レセプション」というのは挙式と食事会の後、通常、ほかの場所を借りて夜に行う「披露宴」と「２次会」を掛け合わせたもの。昼間の挙式と食事会に招待できなかった人もみんな呼んで夜中まで盛り上がります。

ちなみに挙式の場所代や食事代の平均合計額は２２２３ポンド。レセプション代と合わせると約９５００ポンド（約１４０万円）ですが、日本の「挙式、披露宴・披露パーティー費用」の平均総額３５２万円と比べるとかなり割安です。

日本の「挙式、披露宴・披露パーティー費用」には「衣装」「ギフト」「ブーケ」「会場装飾」「写真・ビデオ撮影」などが含まれています。しかし、イギリスの「レセプション代」と「挙式の場所代や食事代」にはそれらが含まれていません。

これは、イギリスには日本のような総合結婚式場というものがないためです。ドレスやブーケなど必要な物は全て自分たちで手配しますので、ウェディングドレスは基本的にレンタルではなく購入ということになります。イギリス人の花嫁は殆どの場合、白いドレスを着ますが、この伝統は比較的新しい習慣で、ビクトリア時代（約150年前）に始まりました。一方、新郎は一般的にスーツをレンタルすることが多いそうです。私もそれに倣いつつもせっかくなのでスーツを購入しました。ネクタイはそれにあったクラヴァットをレンタル。イギリスの花婿の衣装費平均は313ポンド（4万7千円）です。

そのほかにも色々な品目があります。ブーケや装飾の花代、560ポンド。お化粧代、220ポンド。案内状などの紙・印刷・郵便代、240ポンド、生バンドやDJなどのエンターテインメント代、682ポンド。写真・ビデオ撮影費、1399ポンド。そしてウェディングケーキ代、296ポンド。

イギリスの結婚費用の内訳で2番目に高かったのが「新婚旅行」。平均総額は3931ポンド（約60万円）で、日本の新婚旅行費の平均である60万6千円とほとんど一致しました。

こうしたことを調べていて面白いと思ったのが、日本の「結婚費用」の内訳に「結婚指輪」と「婚約指輪」が入っていたことです。イギリスの「結婚費用」に「婚約指輪」は入っていませんでした。この分、イギリスの結婚費用は安くなっているはずです。

「結婚指輪」の値段を比較してみると、日本の平均は23万8千円。それに比べてイギリスは647ポンド(9万7千円)。これはもちろん2人分のお値段です。イギリス人の結婚指輪の方がかなり質素であるようです。

さて、お金の話だけでなくイギリスの結婚式の慣例のことも絡めていきましょう。まず花嫁の母親は、衣装にもかなりお金をかけるようです。花嫁の母は、「Mother of the Bride」というとても大切な存在になりますので、新しい洋服を買います。またそれにあわせて帽子を被る母親が多いです。前述の資料によると、花嫁の母親の衣装費の平均は337ポンド（約5万円）。私たちの結婚式でも、女性陣は妻の母親を中心に華やかに着飾っていました。そして挙式で重要な役目を果たす親戚・友人については、特別な衣装を手配することも慣例です。こうした衣装費の平均は465ポンド（約7万円）。

伝統的に新婦は「bridesmaids」という「花嫁に付き添う若い女性」を選びます。この人たちは、一般的に妹や若い従兄弟、友人の中から選ばれます。彼女たちは結婚式のとき、花嫁の隣に立って同じドレスを着ます。これは、レンタルドレスか式のために作られたドレスを着ることが一般的。この大役について、妻が任命したのは彼女の姉です。加えて、私たちの場合は妻側の親戚の男性用にスコットランドの民族衣装であるキルトをレンタルしました。日本から来る私の両親と伯父伯母の4名には着物を着てもらうようにお願いをし、さらに、親族一同にはスコットランドの国花であるアザミの花飾りを用意しました。

さて、新郎側にも色々な役があります。例えば、新郎は1人の「best man」を選出。それは花婿の兄か、弟、友人の中から選ばれることが一般的で、ベストマンは挙式の中で指輪を預かり、結婚式の後のパーティーでスピーチをします。しかも、このスピーチは会場を笑わせるユーモアに富んだものでなければならないのです。

この役を誰に頼もうか非常に迷いましたが、私と妻の出会いのきっかけとなったパトリックにお願いしました。彼は私のことを家族のように幼少のころから知っているわけではありませんので、面白いスピーチを考えることはとても難しかったと思います。しかしながら、掟破りに花嫁のネタを含めつつうまくやり遂げてくれました。

イギリスの結婚式は、一般的に、結婚の契りを交わすセレモニー、つまり「挙式」、続いて参列者との食事会、そして「披露宴」に相当する夜のレセプションという段階に分かれています。最後のレセプションには昼間の式と披露宴に呼べなかった人も大勢招かれます。

さて、一番目の「結婚の契りを交わすセレモニー」ですが、これが正式な結婚式。最も重要な部分です。ここで、花嫁と花婿はお互いの愛を誓い、指輪を交換します。

形式は宗教に基づいた式と、宗教を排除した式の2種類。前者は全体の33％ですので、イギリスの結婚式の67％がいわゆる「世俗的」な儀式となっています。欧米の結婚式のイメージとして教会を連想するかもしれませんが、イギリスにおいて教会での挙式は少数派。宗教に基づいた結婚式の33％の内訳は、英国国教会やスコットランド国教会などの「国教会系」が21％、カトリック教会が7％、その他が5％となっています。

多数派である67％の非宗教的な結婚式ですが、多くは区役所内で行われます。区役所内といっても、オフィスのような場所ではありません。戸籍登録所という部屋が別に設けられており、その内装は非常に豪華。中には証人や参列者用の椅子も用意されています。

私たちは、カンタベリーの近くにあるサンドイッチという中世からの面影を残す街で結婚式を挙げました。その区役所が挙式用に貸している部屋は、中世から残るとても古いもの。その昔、裁判所として使われていたそうです。裁判所で結婚式とはちょっとロマンチックではないかもしれませんね。「結婚」という名の「終身刑」の宣告を受けるみたいです。

私はまったくキリスト教と縁がありません。妻はスコットランド出身なので、スコットランド国教会と所縁があります。しかし、その宗派の教会は見当たりません。また妻自身は結婚と教会を結びつけたくないようです。よって教会とは関係のない中立的な場所を選びました。私たちの交友関係には様々な人がいます。国も違えば、様々な信条を持つ人もいるので、「区役所」が適切かと思いました。

結婚式が終わったら、花嫁と花婿は「marriage register」（結婚証明書）にサインをします。その後、みんなで結婚式場を出て、写真撮影。結婚式の後、花嫁は bridesmaids に花束を投げます。花束をキャッチした人は次に結婚するという伝統がありますが、これは日本でもおなじみですね。

そして結婚式の後は披露宴です。イギリスの披露宴は、ホテルや教会のイベントスペースなどの場所で行われます。私たちは区役所に近いホテルで行いました。そこまでみんな徒歩で移動し、ちょっと遅めのスリーコースのランチです。メインにポーク、サーモン、またはベジタリアンという選択肢があり、招待した人たちには事前にメニューを選択してもらいました。

さて会場の席順です。通常日本の披露宴では、メインテーブルに新郎新婦の2人が座り、家族のテーブルは一番後ろということを聞きました。でもイギリスでは、メインテーブルの新郎新婦を中心に両隣にそれぞれの両親、そして親友が横一列に並んで座ります。しかし、私たちの披露宴はメインテーブル無し。私と妻と双方の両親も丸いテーブルを囲み、みんながおしゃべりしながら食事を楽しみやすいようにしました。

食事が終わったところで、スピーチが入ります。スピーチをするのは、新婦の父親、新郎(私)、ベストマンというのが習わし。スピーチが始まる号令としてグラスを鳴らします。司会者などはありません。感動的なスピーチよりも、どちらかと言うと、参列者を笑わせるような思い出話をすることが多いのです。

そんな披露宴が終わったら休憩。夜になったらレセプションと呼ばれるパーティーです。そして、パーティーは深夜まで続きます。そこには結婚式と披露宴に招待した人たちに加え、人数の関係でそこに招待できなかったその他の友人、知り合いも呼びます。パーティーのハイライトが新郎新婦の「ファーストダンス」。ダンスの経験が全くない私と妻にとっては拷問に近いものですが、これも習わしなので仕方ありません。私たちの場合は、日本から来た私の両親と伯父伯母が着物姿で登場。日本の踊りを披露し会場を沸かせました。

結婚式と言えば「ウェディングケーキ」。イギリスの伝統的なウェディングケーキは、「フルーツケーキ」と称されるドライフルーツ（レーズンなど）がいっぱい入った黒いスポンジケーキです。このケーキは味が濃く、かなりどっしりしたもので、結婚するカップルが一緒に切ります。そして切り分けられたケーキは参加者全員に配られます。しかし、私たちはこのフルーツケーキが好きではないので、ちょっと和風に抹茶ケーキにしました。

さて、ここまで「私たちの結婚式は2人で計画・実行した」というようなニュアンスで書いてしまったかもしれませんが、実際には新婦である妻がほとんどの準備計画を行っていました。新婦が絶対的な主導権を持っているのが典型的で、新郎の衣装も含め細部に至るまで新婦が決定していくのが常です。最近、テレビのドキュメンタリー番組で「結婚資金を全部出すので、その代わり新郎に全部計画させる」という企画がありました。その展開は、新婦にとっては悲劇的な結婚式になるという結果が主。それを面白がる番組が成り立つぐらい、結婚式の計画・実行に新郎は口出ししない暗黙の掟があります。私もそれに従い、妻の計画に進んで流され、妻に頼まれたことだけをこなすように心がけました。

しかし、新婦としては、すべて自分で決定するのではなく、一応は一緒に考え選んだという気持ちになりたいもの。そこで、場所選びやメニューの選択、装飾などについて、妻にもよく私の「考え」を聞かれました。もともと自分の考えを持っていない私は回答に窮することが多いのですが、少なくとも話し相手になることによって、妻自身が自分の考えを整理整頓でき、私と共同決定していると思えるように手助けができたと思います。

さて、結婚式が終わったら、伯父伯母、私の両親を連れてベルギーへ。日本での結婚祝いでとてもお世話になった人たちなので、その恩返しもかねて、両親親戚を連れての新婚旅行です。妻も私側の親族と親睦を深めることができ、みんなで賑やかで楽しい時を過ごしました。そして4人が日本に帰るのを見届けた後、イタリア・ベニスに2人で行きました。

ロンドンからは飛行機で2時間ちょっと。カリブ海の島々などがイギリスでは人気ですが、それと比較すると新婚旅行としてはかなり近場で地味な感じです。

5. 妻の妊娠と出産

２０１１年2月18日から私たちの新婚生活は始まりましたが、嬉しいことに結婚してすぐに妻が妊娠しました。出会ってすぐに婚約・結婚した私たちですが、子供ができるのもすぐでした。そして、子供が生まれる前に家を買おうということになったのです。

住宅購入

結婚した時点で住んでいたのは賃貸のアパート。アパートといっても、大きな3階建ての民家（築１００年ぐらい）の1階部分を２ＬＤＫの部屋に改築したものです。とても広くて住み心地が良かったのですが、唯一の欠点は私たちの音が2階に響いてしまうこと。現在の建築基準は防音に関する基準が厳しいらしく、住居の間には必ず防音材が入り、隣や上下に音が伝わりにくくなっています。しかし、私たちの住んでいた部屋は、そうした基準ができる以前に改築された建物。防音工事をするとなると多額の費用がかかり、天井も低くなってしまうので、大家さんもそこまでできません。赤ん坊は昼も夜も関係なく、最大ボリュームで泣くことでしょう。生活音についてあれこれ気にしなくてよい環境が必要だと考えました。

まずはどこに住もうか大体のエリアを定めることに。そのとき私たちが住んでいたラムスゲートという街は比較的住宅が安い地域でしたが、カンタベリーまでの通勤時間は車で片道45分。せっかく引っ越すのであれば、もっと近いところとの考えがありました。しかし、カンタベリーの住宅は高すぎて私たちの手には届きません。そこで、私の土地勘を生かし、カンタベリーから30分圏内であるハーンベイに的を定めました。海辺のきれいな街ですが、あまり知名度がなく、住宅の値段もまだ高騰していない穴場だったのです。

住宅ローンですが、ちょうどイギリスの不動産バブルがはじけて、銀行が貸し渋り始めたところでした。妻がすでに家（貸し出しているアパート）を所有していて、ローンを持っていることが信用になり、私たちは運良く借りられた気がします。私の給料についてはかなり低く評価されました。イギリスで勤めていますが、様々な理由があって私の給料は日本から送金されてきます。為替の変動リスクなどから3割ぐらい安く見積もられました。しかしそれでもラッキーでした。最近住宅ローンのブローカーと話した際「あなたのように給料が外国から来る人に住宅ローンをくれる銀行は今もう恐らくないでしょう」とのこと。

ローンも借りられることになり、住宅探しです。イギリスに新築住宅はあまりありません。私たちの見た住宅は、築30年から50年ぐらいのものがほとんどでした。近年宅地開発されたところにある、比較的新しい住宅は間取りが狭く、住宅地の中の道路も狭かったので、あまり魅力的ではありませんでした。

いいなと思う住宅も結構すんなり見つかりました。それはハーンベイの東の高台にあるベルティンジという地区にあり、セミディタッチというスタイルのもの。1つの建物が真ん中で別れ2棟の住宅になっています。もともとあったガレージが改築され、さらに2階部分も増築され、４つの寝室がある広々した家でした。

さて、その家にしようと決めたら、この額でいかがですかと買い手が購入額を提示します。住宅が売りに出ている段階で一応売値が提示されていますが、それはあくまで目安。買い手が買値を提示し、売り手が納得したら交渉成立なのです。あまり安い値を提示しても、売り手に断られるし、売り手も買い手が提示額をすんなり飲むとは考えていません。売り手も売れなければ困るので、売り手と買い手の色々な駆け引きがあるのです。

私たちは不動産屋さんのアドバイスに従い、売値よりちょっと低く買値を提示。みごと相手の承諾を得ました。その後、不動産の所有権を移行するのに必要な様々な手続きを進め多額の手数料を払い、ようやく契約にこぎつけたときにハプニング。なんと売り手が突然手を引いたのです。

理由は相手がローンの工面をできなかったため。その住宅を売り、他に引っ越す予定が、銀行が貸し渋り引っ越せなくなってしまったとのこと。この期に及んで、そんなのありか！と思ったのですが、よくあることなのだそうです。

住宅探しはまた振出しに戻ってしまいましたが、その後しばらくして同じ不動産屋さんから「いい物件がある」と連絡が。前回の住宅からほど近い、袋小路に入ったところの住宅。そこはセミディタッチではなく、ガレージが隣の家のガレージに接しているだけ。アタッチトハウスと呼ばれる珍しい形状で、ほぼ一軒家です。これならどんなに騒いでもお隣さんに聞こえません。前に見た家より少々狭く、３つの寝室しかありませんが、改築・増築はされておらず建てられたときのまま。しかし、近所の家々を見ると全く同じ造りでありながら、どこも増築しています。イギリスでは家の改築・増築に際して自治体の役所から許可を取る必要があります。それに際しては景観を損なわないか等の審査に加え、周りの住民たちの同意も必要。近所の家々が同じような増築・改築をしているので、この家に関してもこの先必要であれば改築・増築が可能であることを示唆しています。

　また袋小路になっていて､住んでいる人以外の車の通りもありません。「ここで子供も遊べる」と思いました。周りの家々の手入れも行き届き、心地よい感じで整っている感じがします。ということで、この家に決めました。

　今回は交渉・手続きともすんなり進み、８月中旬に無事契約。下旬には家の鍵を手にしました。そのころ妻はすでに妊娠６カ月。

　ストリートには全部で12件の家が建っていて、私たちはそこの6番目。袋小路の一番奥にあります。私たちが引っ越してすぐに近所の人たちからカードをいただきました。これは今のイギリスでは珍しくなった風習であるとか。ご近所にはたいへん恵まれました。

　ちなみに隣の家の奥さんは妻の職場の同僚の姉妹。狭い世の中です。その家の子供たちの方が年上で、上の子は中学生ですが、下の子はまだ小学生。うちの子供たちと同じ小学校に通っています。私たちの長男が生まれたときは、長女をその家に預けて私が妻の出産に立ち会いました。旅行などで長期留守にするたびに、お互いの家の世話をしあう仲。近くに親戚兄弟がいない私たちはとても助けられています。

イギリスの住宅事情

皆さんは「イギリスの住宅」と聞いてどのようなイメージを持ちますか？　レンガ造りで日本の家屋より広い住宅とか？　まずは日本住宅と広さを比較してみましょう。

日本の住宅床面積の平均は94・4㎡（2013年）。そしてイギリスは91・7㎡（2011年）。実は平均値で比べると、イギリスの住宅は日本の住宅よりも少し狭いのです。ほかにも同様の住宅床面積の国際比較がありますが、数値が多少異なりますが、日本よりイギリスの方が狭いことで一致しています。例えば、日本95㎡（2003年）に対してイギリス87㎡（2001年）。

前に参照しているデータを見る限り、2001年から13年にかけてイギリスの住宅床面積は拡大の傾向にあるようですが、日本には及んでいません。しかし、細かく見ていきますと、ちょっと違ったニュアンスになってきます。持家と借家で分けて見てみましょう。

日本は持ち家の床面積122・3㎡に対して借家はたったの46㎡。イギリスの持家は103・4㎡。日本の持ち家より狭くなっています。しかし、イギリスの借屋では68・4㎡で、日本の借屋よりかなり広めです。

また、一人当たりの住宅床面積を比較してみましょう。日本が39・4㎡であるのに対し、イギリスは39・２㎡。住んでいる人たちの空間意識としては、ほとんど同じなのかもしれません。

私たちが住宅を購入してしばらくしたころ、ＢＢＣニュースは「イギリスの新築住宅は西ヨーロッパで最も狭く、多くは家族にとって狭すぎる」と報じました。その報道では、イギリスの平均住宅床面積は85㎡としていますが、近年建てられた新築住宅の住宅床面積の平均は76㎡だそうなのです。先ほど「２００1年から13年にかけてイギリスの住宅床面積は拡大の傾向にあるようです」と申し上げましたが、この記事はそれを否定しています。

さらに部屋数や一部屋当たりの面積に関しては以下の通り。イギリスの平均は5・2部屋で一部屋当たり16・３㎡。しかし、最近の新築住宅の平均は4・8部屋で一部屋当たり15・8㎡（リビングやキッチン、寝室などで、お風呂場やトイレは入っていないと思います）。

家の間取は、一階にキッチンダイニング、リビングルームの2部屋に加え小さいトイレ。2階には3部屋、トイレ付のバスルーム。３つの部屋の内訳は、夫婦の寝室と子供の部屋、一番小さい部屋は書斎兼ゲストルームとしています。

家の前には小さな庭があります。メインの庭は家の後方にあり、こちらは住居と同じくらいの面積です。それでも近所では一番小さい方ではないでしょうか。しかし、庭の手入れに自信がない私たちはあえて小さな庭の家を選びました。小さいといっても、夏の晴れた日にテーブルを出して食事をしたり、子供たちが遊んだりするのには十分な大きさです。

そのほかにガレージがありますが、実際に車庫として使うには、ちょっと大きさが足りません。同じサイズのガレージを持つ近所の家々はどこでも物置として使っています。ガレージには車が入らないので、「ドライブウェイ」と呼ばれる道路と住宅の車庫をつなげるコンクリート部分のスペースに停めています。

手入れが必要な我が家

イギリスと日本の住宅のもう一つの大きな違いは建物の使用年数です。「滅失住宅の平均築後年数の国際比較」というものがあるのですが、住宅がどれだけの期間使われているかの比較です。これによると日本の住宅は平均築30年で取り壊されるのに対し、イギリスは77年。

これは日本とイギリスの住宅市場の大きな違いとなっています。つまり、イギリスの住宅市場は中古住宅が主で、そのシェアは88・8％。日本ではたったの13・1％です。イギリスでは中古住宅ばかりで、新築はあまり好まれません。前述したように、新しい住宅は狭いという悪評もあり、古い家の方が人気です。しかし、古ければよいというわけではなく、手入れが行き届いているかが重要。また、建物の躯体の重要部分がしっかりしているかも見定めなければなりません。例えば、屋根などが傷んでいたりすると膨大な修理費がかかります。外壁、窓枠、ボイラー、配管なども重要なチェックポイントです。

基本的にイギリス人は中古住宅を購入し、それを改築して住んでいます。私たちが購入した家は築30年以上。住みやすい家ですが、欠陥もあります。イギリス中どこの家もそうですが、頻繁な手入れが必要なのです。

私たちも新居の手入れを引っ越し前から始めました。まずは、もうお腹が大きくなってきた妻と一緒に部屋のペンキ塗りをしたのを覚えています。でも、自分たちでやったのはキッチンとリビングのみ。他の部屋や廊下に関しては、引っ越してからすぐに業者に頼んで塗り替えてもらいました。表面に突起上の模様がついた分厚い壁紙が貼ってあり、私たちでは手に負えなかったのです。

そして、キッチンとお風呂場の床をタイルにしました。イギリスの住宅の多くが、食卓やお風呂場にもカーペットを敷いています。これから数カ月後に赤ちゃんが生まれ、その子が成長するにあたり、食卓とお風呂場にカーペットは不適当と思ったのです。カーペットより冷たい感じはするでしょうが、濡れたり汚れたりしてもすぐに拭き掃除できるような準備をしようと思いました。

同時に2階の寝室と書斎のカーペットを張り替え、そこでようやくひと段落。赤ちゃんを迎えられる状態になりました。その後は順次、庭の物置小屋の塗装、庭のデッキのコーティング。シャワーが壊れ、新しいものに替えたのが2015年で、そのとき2階の温水タンクからシャワーに入水する配管がめちゃくちゃであることが判明しています。

引っ越し時に敷いてあったカーペットは羊毛で質のよさそうなものでしたが、毎年暖かくなると虫が湧きました。数年それに悩まされた挙句、2016年の秋にようやくそのカーペットをはがし、フロアリングに変更。暗く重かったキッチンも同年の秋に明るい色にして、1階のトイレも替えました。

ここまで行きつくのに5年かかりました。この先も色々手がかかりそうです。

イギリスの一般的な住宅の特徴の一つとして、セントラルヒーティングで家全体を温めることが挙げられます。家全体にお湯を循環させて各部屋のヒーターを機能させるのです。温風ヒーターが苦手な私には向いています。それに加えて多くの家には暖炉があります。我が家にもついていますが、ヒーターだけで十分暖かいので使ったためしがありません。そもそも子供がまだ小さいので、怖くて使う気にもならないのですが。

暖房はおそらく1年の半分以上は使っていると思います。イギリスの夏は短く、気温も30度以上になるような真夏日はほとんどありません。また湿気もないため、イギリスの住宅には冷房がないことが多いようです。もちろん我が家もです。寝苦しい夜もありますが、年に数日のこと。そんなときは夜も窓をちょっと開けて風通しをよくして寝ていますが、窓に網戸はついていません。そのため、電気をつけっぱなしにしていると小さな虫が入ってきますが、気にならない程度です。基本的に蚊がいないので、蚊取り線香なども不要です。

さて、気になる住宅のお値段ですが、地域によってかなりの差があり、年々、値段が上昇を続けています。私たちが住宅を購入した２０１１年。イギリスの住宅の値段の平均は16万７６７３ポンドでした。その年、イングランドの平均は17万５１７１ポンド。しかし私たちの住んでいるイングランド南東部の平均は21万８３０９ポンドです。私たちは運良く20万を下回る値段の物件を見つけることができました。

イギリス国内ではかなり不動産が高い地域です。例えば同年のスコットランドの平均は12万９１２２ポンドで、ウェールズは12万７６９８。そして、北アイルランドでは11万１８７１。私たちの地域の半額です。しかしロンドンよりはマシです。そこはべらぼうに高くて29万２２６７ポンド。

２０１１年は住宅値が少し下落した年なのですが、その後はまた上昇を続けています。２０１６年のイギリスの住宅の平均値段は21万６２６７ポンド。私たちが住むイングランド南東部は31万2509ポンドで、ロンドンはなんと47万4475ポンド。一番安い北アイルランドの平均は12万4093ポンドですから、ロンドンの約4分の1です。

日本の皆さんの地域と比べてどうでしょうか？　高い感じがしますか？　それとも同じぐらい？　もっとも日本円と英国ポンドの交換レートによると思いますが。

ちなみに、円とポンドのレートは激しく変動します。私の記憶にあるだけでも2007年7月の一時期に1ポンド250円を超え、2012年1月は1ポンドが118円を下回りました。つまり、日本円との交換レートにおいてポンドの通貨価値が倍以上変動することがあるのです。日本との物価の比較は容易にはできません。日本とイギリス間の取引を商売にしている人はさぞかし大変だろうと思います。

出産準備

さて、お腹が大きくなるにつれて、妻は妊婦さん向けのヨガに通い始めました。そこで知り合った妻の妊婦仲間は、その後掛け替えのない友人となっています。みな出産予定日が近い人たちが集まっていて、そこで仲良くなった3人と妻は1人目をかなり近い時期に立て続けに出産。さらに2人目も4人とも同じ年に出産しています。

4人の母親から生まれた計8人の子供たちは、生まれたころから頻繁に会っているので、いわば兄弟姉妹みたいなもの。集まればお互いに我が子のように面倒を見ています。悪さをすればきちんと叱ってくれるし、困ったことがあれば助け合えるので、双方の親から遠く離れて生活している私たち夫婦にとって、こうした人間関係が頼りの綱なのです。妻が妊娠中に築いたこうした人間関係に私たちは支えられて生きています。

妻の出産に先立って私の「教材」となったテレビ番組があります。それは『One Born Every Minute』というドキュメンタリーシリーズ。ある病院での「出産風景」を収録・編集してドキュメンタリーに仕立てたものです。妻が妊娠中にそれにハマっていたので、私も一緒に観ていたのです。リビングから女性の叫び声が聞こえてびっくりして覗くと、妻がこの番組を観ているということがよくありました。

一応、病院見学にも夫婦で行きました。事前に連絡して見学に行くと、分娩室や手術室などを見せてくれるのです。見学自体はとてもためになったのですが、その際に「先日は混んでいて分娩室が満室だった」という話を聞きました。入りきれなかった人たちは他の病院に搬送されたそうです。私たちのときは大丈夫か不安になります。

初めての出産を予定するカップルのための講習会にも参加しました。これは全4回のコースだったのですが、最終回を待たずして長女は生まれてしまいました。

ＮＨＳでの出産

イギリスではＮＨＳ（National Health Service）と呼ばれる国民医療制度があって、医療は基本的にすべて無料です。予約がなかなか取れなかったり待たされたりすることも多いのですが、これは生活するうえで安心感を与えてくれるものです。

無料であり税金で賄われているので、本当に必要でなければ扱ってくれないということもあります。患者さんが来ると儲かるのではなく、お金がかかるのです。だから本当に必要でない限り病院には来るなという姿勢です。したがって、病院にかかる前に、薬局で相談したり、自分で何とかしてみることを勧められます。お医者さんに診てもらおうと電話を掛けると、まずはそこで色々聞かれて審査されます。今日は人が足りないので、緊急でなければ受け付けないと断られることもありますが、今までの経験上、子供に関してはいつもすぐに診てもらっています。大人の場合は命に別状ないなら我慢しろということなのでしょうか。

ともあれ、イギリスでの医療費は公費で負担されるために基本的には無料です。妊娠・出産にかかる費用も無料ということになります。

イギリスで医療を受ける場合、まずはホームドクター（ＧＰ）制度に登録しなければなりません。ＧＰに妊娠の可能性を報告すると、ミッドワイフ（助産師）を紹介されます。基本的に費用は無料で、投薬が必要となった場合でも妊婦は投薬料が免除されます。

超音波検診は妊娠12週と20週のときの2度で、その診断の費用も無料。超音波写真を保管したい場合のみ、印刷代各４ポンドがかかります。

特に問題の無い場合はミッドワイフが出産までのケアをしてくれるので、妊娠期間中医師には超音波検診を受ける2度しか会わないで出産を迎えたという人もいます。

出産する場所も、自宅や病院などを自由に選択することが可能です。「どんな出産をしたい？」という出産方法の部門でも、個人の意見を尊重してくれます。出産前にバースプランと呼ばれるチェック表に記載していくのですが、「どこで出産を希望しますか？　家／助産院／病院」「出産時の姿勢は？　立って／座って／膝をついて／しゃがんで／横になって」「赤ちゃんが産まれたら？　すぐにだっこしたい／産湯を使わせてからだっこしたい／その他」といった多くの質問項目があり、これに沿って病院でも準備をしてくれるのです。

そして、この出産プランの中で特に大切なのが、痛みに関するもの。大きくは自然分娩と、麻酔を使った無痛分娩を選択することができます。自然分娩の中では、水中出産が一番人気。

その他にも、痛みをやわらげるため、オイルマッサージ、針、笑気ガスなどを使用することもあります。

自宅出産を希望する場合は、特に緊急時の対応などをミッドワイフとあらかじめきちんと話をしておく必要があります。

自宅分娩は私たちにとっても魅力的に聞こえました。しかし「何かあったときは病院に搬送」と聞いたことから、何かあってもいいように最初から病院にしようと考えました。

前述した出産前の「講習会」の最終回は「出産プラン」についての予定でした。しかし、その前に長女が生まれてしまったので、私たちはきちんとプランを立てる機会がなかったのです。色々な「プラン」は、俗にいう「予定日」ごろに何も問題なく子供が生まれることが前提になっています。私たちの場合、長女が生まれたのは予定日より4週間も早く、プランをしっかり立てる前に生まれてしまいました。そして2人目の長男のときは帝王切開だったので病院しか選択肢はありませんでした。

さて、いよいよ生まれるとなったとき、陣痛が来たらすぐに病院というわけにはいきません。現在では、「病院に来るのは、45秒から1分続く陣痛が5分間隔になったとき」といった指針が設けられているようですし、病院に電話をして陣痛の状況などを話し、助産婦さんから「もう来ても大丈夫」と言われてから向かう場合も多いようです。国からの予算引き締めを受け、常に最低限の人数で運営される病院では、「産む直前に来て、産まれたら6時間で退院」というのが理想とされるケースなのです。

妻が長女を出産したときも、夜中に突然破水したのでまず病院に電話。陣痛の周期が短くなるまで自宅待機でした。

長男は逆子で帝王切開になりました。12月の某日の朝7時に来て手術という予約になっていたので、２歳になったばかりの長女を朝早く近所の家に預けて病院に出発。長女のときと違い、生まれてくる日時が決まっているというのは不思議な感じでした。

出産後は沐浴も無しに、赤ちゃんをすぐに抱いて初乳をあげることができます。赤ちゃんを拭いてきれいにするだけで、しばらくお風呂にも入れません。

産後に必要な赤ちゃんのおしめやミルク、着替えやタオルまですべて出産時に用意しておくことが求められます。病院から用意されたのは手術用の衣類と赤ちゃんのおくるみ用シーツだけ。出産後は、自然分娩で問題がない場合は出産当日かもしくは翌日には退院し、自宅に戻ることとなります。

病院に入院している間、赤ちゃんは母親の隣に置かれ、特別な集中治療などが必要でない限り母子を別々にはしません。また、基本的に産後直後から母親自身で授乳やおむつ替えをします。帝王切開での入院でも同様です。しかし、痛みが強かったりして赤ちゃんのケアが難しい場合には、自分できちんと看護師に主張する必要があります。そのときは赤ちゃんが泣くたびにナースコールで呼び、授乳やオムツ替えを手伝ってもらわなければなりません。

帝王切開であっても産後は一般病棟が主で、個室に入れるのは稀。ですから、みんなすぐに自宅に帰りたがります。

妻の場合は、長女を出産したときは翌日退院。長男のときは3日間入院しました。イギリスでは帝王切開でも翌日退院ということもよくあるそうですが、初めての帝王切開の場合は回復がやや遅れるとのこと。基本的には病院に2泊です。しかし、妻は風邪もひいていたので1泊追加。3泊して帰ってきました。

父親も育児休暇を取得することができます。基本的には2週間で、母親が職場復帰する場合に限り、最大26週の有給育児休暇が認められています。２００３年から始まったこの育休制度は、キャメロン元首相やブレア前首相が取ったことでも注目され、現在60％程度の男性が取得しているようです。私たちの場合、長女は生まれてすぐに黄疸が出てお産を終えたばかりの妻が付き添って入院する必要がありました。長男のときは帝王切開だったので、産後3日間入院した後、自宅に戻っても妻はしばらくはあまり動けませんでした。よって私たちも父親の育休制度にとても助けられました。

繰り返しますが、妻の出産に際してお金は一切かかっていません。日本の人が聞くと羨ましく思われるかもしれませんね。こうしたときは、イギリスで高い税金を払っていてよかったと感じました。

そのありがたさと同時に、気づいたことがあります。それは、イギリスの医療の現場における外国人スタッフの多さです。

長女が生まれたときに、分娩室で私たちを担当してくれたのはポーランド人の助産婦さん。長男のときには、手術前の色々な検査から帝王切開まで、中国系の助産婦さんがずっと担当してくれました。さらに、帝王切開での出産を決断するうえで、インド系の仙人みたいな風貌の超ベテラン医師が相談に乗ってくれたことに助けられました。

妻はできれば自然分娩を望んでいたのですが、そのインド系のお医者さん曰く、自分であれば逆子でも自然分娩でやる自信はあるが、病院は交代制でやっているので、あなたの子供が生まれるときに自分が担当になる確率は低い。今は安全第一ということで、逆子は帝王切開ということになってしまっている。一応みんな逆子の分娩のトレーニングはしているけれど、実際の経験が豊富な人は今のイギリスにいないとのこと。それを聞いて納得しました。

そこで、ＮＨＳで働く人々の国籍を調べてみました。88％がイギリス、５％がＥＵ諸国、４％がアジア諸国、２％がアフリカ諸国、１％がその他の国々となっています。私たちが住んでいる地域のＮＨＳのイギリス国籍保有者率は85％。でも実際は外国人がもっと多い印象を受けます。おそらく、もともと外国出身で、ＮＨＳで長年働いてイギリス国籍を取っている人も多いのでしょう。

それを示唆するデータもあります。例えば、現在ＮＨＳで働いている医師がどこの国で医師免許を取ったかというデータ。イギリスで勉強して医師になり、ＮＨＳで働いている医師は63・4％。イギリス以外で最も割合が大きいのがインド（９・７％）、続いてパキスタン（３・６％）、南アフリカ（２・１％）という順。それ以降、無数の国々が続きます。

ＮＨＳで働く外国人の職種は医師だけではありません。看護師、助産婦、臨床スタッフ、清掃員から入院患者に食事やお茶を出す人たちまで様々です。ＮＨＳは２００以上の国々からそこで働く人々を雇用しているらしいのです。まさにイギリス国内の国際連合といった感じですね。

6．子育てのタブー

さて、私たちは子育てに関しても超少数派です。それは、妻は２人の子を母乳で育て、私たち夫婦はその子たちと添い寝をして育てたということ。

「母乳」はイギリスが国を挙げて推奨しているにもかかわらず少数派。「添い寝」に関しては、少数派どころか、イギリスではタブーです。「子供と添い寝している」なんて軽々しく人に言えません。

加えて「子供とお風呂」もＮＧです。特に「お父さんが娘と一緒にお風呂に入っている」なんて誰かに聞かれたら、警察に通報されて大問題になってしまうかもしれません（妻が理解してくれているので、もし誰かに誤解されても大丈夫だと思いますが）。

母乳育児としての少数派

２０１６年８月24日、日本経済新聞は「『母乳で育てた』５割超　生後１・３カ月、厚労省調査」と題し以下のように報じています。

「母乳のみで赤ちゃんを育てる保護者が生後１カ月と３カ月で、ともに５割を超えたことが24日、厚生労働省が公表した『２０１５年度乳幼児栄養調査』で分かった。（中略）母乳のみで育てた保護者は生後１カ月のときで51・３％。05年度の前回調査の42・４％から８・９ポイント上昇した。生後３カ月でも15年度は54・７％と、前回調査の38・０％を16・７ポイント上回った。粉ミルクと母乳の併用も含むと、母乳で育てた割合は生後１カ月で96・５％、生後３カ月で89・８％にのぼった。」

日本の母乳育児率の上昇傾向に比べ、イギリスの母乳育児の現状は芳しくありません。２０１６年１月26日のＢＢＣニュースは「イギリスの母乳育児率は世界最低」と報じました。そこに引用されているのは、同年１月30日に医学雑誌の『ランセット』で発表された世界の母乳育児率の調査結果。ＢＢＣはその論文の発表に先立って、内容を報じたわけです。

まず、イギリスでは81％の母親が「母乳育児の経験あり」。つまり、81％のイギリス人の母親が母乳育児を一度でも試したことがあるという意味です。このカテゴリーにおける日本の数値は95％。

前述の新聞記事で引用されている日本の厚生労働省の母乳育児率統計では、生後1ヶ月と3ヶ月の数値が発表されていますが、同じ期間のイギリスのデータがありませんので、この期間については日英の比較ができません。しかしながら、イギリスでは生後6週間で母乳育児率は55％まで低下という統計を目にしました。上記にあるように同時期の日本では併用も含め9割の赤ちゃんが母乳を与えられています。イギリスに比べ日本の母乳育児率の方が高いのは確実です。

さて、『ランセット』掲載論文のメインの国際比較対象は生後6カ月と12カ月における母乳育児率です。それぞれの時点における日本の母乳育児率は63％と60％。日本では生後12カ月の段階で6割のお母さんたちが子供に母乳をあげています。これは「母乳のみ」だけでなく、粉ミルクやそれ以外との栄養源との併用も含んでいます。それに比べイギリスでは、生後6カ月の時点で34％まで落ち込んでいます。さらに生後12カ月における母乳育児率は、なんとたったの0・5％。

妻は2人の子供たちどちらにも1年以上母乳をあげていました。これはイギリスでは極めて稀なことです。妻は「母乳が一番」という強い信念を持っていて、周囲の99・5％の母親たちが母乳育児から撤退していく中、孤高に母乳育児を断行してきました。

出産をして母親になったばかりの女性の98％以上が生理学上、母乳育児が可能であると言われています。実際、発展途上国において母乳育児率は99％以上。母乳育児が2年以上にわたることも珍しくありません。

イギリスにおける母乳育児率の低下は世界でも稀であり、人類史上、初めてのことなのではないでしょうか？　しかし、現在はこれでも「昔に比べたらマシ」になった方だとか。1961年のイギリスにおいて新生児の生後6カ月の時点における母乳育児率はわずか12％。1970年代までに母乳育児はイギリスにおいてほぼ全滅していたと考えられています。私の義母の世代が出産を経験したころ、つまり1970年代はまさに母乳育児空白時代。現代において8割以上が出産後すぐに一度は母乳育児を試したことがあること自体、昔に比べれば改善しているらしいのです。

イギリスにおいて、母乳育児に関する祖先の知恵は失われてしまったのかもしれません。自分の母親、または祖母の代から母乳育児の経験がなければ、自分が母乳育児をしたくてもどのようにやってよいのかわかりません。色々試行錯誤を繰り返しながらも母乳育児に挫折してしまうお母さんたちが多いとのこと。

妻は自分の経験を生かして、新生児を持つお母さんたちの母乳育児サポートのボランティアをしています。ちょっとしたコツを教えたり、悩みの相談役になったりしているようです。

これによってイギリスの母乳育児率の上昇に少しでも貢献できればと願っています。

添い寝というタブー

さらに私たちは「添い寝」というタブーを犯しました。日本では赤ちゃんと一緒に川の字になって寝ることが普通かもしれません。日本の乳幼児添い寝率70％に対してイギリスは5％というデータを目にしました。このデータのソースは不明ですが、実感に近い気がします。

イギリスでは新生児は「モーゼズ・バスケット」と称される、いわば赤ちゃん用のかごに入れて寝かせます。最初の6カ月ぐらいは夫婦の寝室にモーゼズ・バスケットを置くように勧められます。しかし、夫婦のベッドで赤ちゃんと一緒に寝るのは「危険」なのでダメ。親と子は別々のベッドで寝なければなりません。

イギリスで子育てをしているある日本人女性は、ブログで以下のように説明していました。「イギリスでは、添い寝やおっぱい、だっこでゆらゆらしながら寝かしつけるのは全部タブー。ベッドに寝かして、自然に寝られるように『トレーニング』するのが普通です。」

その「トレーニング」の最も極端な一例として「Cry it out」と呼ばれるものがあります。

詳しい手順の解説もありましたが、それだと長くなるので、ここでは日本のある子育てサイトから引用します。

①赤ちゃんがスムーズに寝られるように、日中は活動的にし、寝る前にはおやすみの儀式を取り入れる。

②寝る時間になったら、赤ちゃんをベッドに寝かせ、親は部屋を出る。

③赤ちゃんが泣いていても一定時間はそのままにする。ひとりにする時間を徐々に長くして慣らしていく。例えば3分、5分、10分という具合に時間を空けていく。2日目になるとさらに5分、10分、20分という具合に伸ばしていく。

④赤ちゃんを落ち着けるときは抱き上げない。

これには賛否両論があり、反対派は赤ちゃんに精神的なダメージを与えかねないと警鐘を鳴らします。実際のところどうなのだろうと、イギリスのNHSからのアドバイスを参照してみると、上記のような「トレーニング」による赤ちゃんと親への悪影響は特にないと報告されています。しかし、生後6カ月以上で、一晩中授乳が必要ない場合に限られており、通常は1週間で自分で寝付けるようになるとのこと。

こうした「スリープ・トレーニング」には私も妻も抵抗があったので、我が家は「添い寝」を取り入れました。加えて、上記の「トレーニング」で実行したのは①のみ。上記のような実行不可能なガイドラインに従い、心身ともに疲れ果て、できない自分を責める親たちがいっぱいいるようでかわいそうです。

我が家も長女が生まれたとき「モーゼズ・バスケット」を知人からいただきました。長女はそこで何度か昼寝をしたことはありますが、長時間寝たためしはありません。母親のぬくもりを感じていないときちんと寝ませんでした。

しかし、大人が寝ているベッドで新生児と添い寝することは「危険」ということは、やってみると理解できるところがあります。マットレスは大人の体重で沈むため、マットレスと大人の体の間にできた窪みに子供が転がり入ってしまわないか心配でした。

そこで、マットレスを共有せずに添い寝できないかを調べてみたらあったのです。「添い寝用ベビーベッド」が！　最近知ったのですが、日本にもあるようですね。このベッドの存在を知っているイギリス人はいませんでした。私たちはドイツから取り寄せたのですが、これには本当に助けられました。親のベッドの横に装着できるタイプで、親と赤ちゃんを仕切る柵はありません。そして別々のベッドなので、赤ちゃんが転がってしまうこともなし。

特に妻は母乳で育てていましたので、一晩中、２時間おきぐらいに授乳が必要な時期もありました。そのときは、手を伸ばして子供を引き寄せ、横になった状態でそのまま授乳。俗に言われるスリープ・トレーニングですが、我が家では行いませんでした。1歳ごろまで添い寝ベッドで寝かせ、それが小さくなってきたら、コットと呼ばれるベビーベッドに移しました。しかしそれは別室ではなく、私たちのベッドの隣に置きます。長女もよく私たちのベッドに潜りこんできました。

「6カ月になったら別室で寝かせろ」という社会ではかなり異端です。1歳になっても一緒の部屋で寝ているなんて、友達にも言えないことです。

しかし、2歳を過ぎると、私たちが寝る準備をするたびに、目を覚ましてしまうことが多くなりました。おそらく物音で眠りを邪魔されたのかと思い、別室に移したらよく寝るようになりました。それでも毎晩、まずは私たちのベッドで添い寝をして、寝付いてから隣の部屋に移してあげています。それが3歳を過ぎると徐々に自分の部屋で寝られるようになってきました。

添い寝に対するイギリス人の抵抗感は、私にはとても不思議です。子育てのアドバイスをする公的機関も口をそろえて「赤ちゃんと一緒に寝るな」です。どうも納得いかなくて調べてみると、やっぱり悪く言えば「でたらめ」でした。多くのイギリス人が思い込んでいる「神話」のようなものなのでしょう。

もともと「添い寝の危険性」として指摘があったのが「薬物やアルコールを摂取しての添い寝」「ソファーなどでの添い寝」など。こうした状態はＳＩＤＳ（乳幼児突然死症候群）のリスクを高めるとのこと。つまり、ドラッグをやったり酒に酔ったりしているときは添い寝をするな。また、ソファーでの添い寝も危ないとのことなのです。普通に考えれば、当たり前です。

そのほか、添い寝をするときは乳幼児を枕の上に乗せないとか、大人の掛布団をかぶせないなど、窒息を防止するアドバイスもありました。実際に、ソファーで乳幼児を抱いたまま寝てしまい事故が起きたこともあるらしいです。

一方、ベッドで普通に添い寝する危険性は語られていません。それが「乳幼児との添い寝は危険」となってしまったのでしょう。どうやら、私が「危険」と思ったマットレスの窪みもあまり関係ないようです。

「添い寝が危ない」という神話の構築には様々な要素がかかわっているようです。まず、前述した母乳育児の衰退によって、乳幼児は夜ずっと寝るものだという先入観が生まれました。どういうことかというと、母乳で育てられている新生児は夜中でも数時間おきに授乳をしなければならないことがよくあります（これに対応するには添い寝が便利）。しかし、母乳育児の衰退によって、母乳の代用品である乳児用の人工乳による授乳が一般化してくると、それは母乳より腹持ちが良いので、乳幼児でも一晩中寝るようになったのです。これにより、乳幼児は一晩中寝るものという新しい考えが普及します。

そのため、乳幼児を別の寝室に移すことも可能になりました。よって、赤ちゃんを別室に寝かせ、夫婦は自分たちの寝室で睡眠という、プライベートな空間と時間を確保できるようになりました。これが一般化すると、夜ぐっすりと朝まで別室で寝る赤ちゃんが「良い子」となってしまったわけです。

こうした考えが常識化してしまうと、乳幼児が一人で朝までぐっすり寝ないことが「異常」であり、それができないのであれば、できるまで「トレーニング」させなければならないという発想になります。子供は親と別に寝るべきという考えが固定化されると、特に母乳育児には添い寝が便利であるにもかかわらず、とにかく乳幼児と親の添い寝はあるべきでないこととして映るのです。

前述したように実際には「添い寝が危ない」のではなく、酒に酔っていたり、麻薬を打ったりしていたら添い寝をするなということ。当たり前です。

しかし、危険性を伝える側としては、そうしたある特定の形態の添い寝の危険性を啓蒙するにあたって、あれこれ細かく説明しても人々に伝わらないという懸念があったようです。そこで「添い寝は危険」と単純化してしまったのでしょう。

イギリス人は基本的に子供と親は別々に寝るべきと考えています。もともと添い寝はダメと思っているので、「添い寝が危ない」という言葉に疑いを持ちません。しかし私たちは「添い寝が危ない」のではなく、本質的なところを押さえて危険な添い寝はしないという理解をしています。ＮＨＳのアドバイスでもよく調べて細かく読んでみると、添い寝を完全否定しているわけではなく、「危険な添い寝」をしないように注意を促すとともに、ユニセフのガイドラインを参照するようにとしています。しかし全体的には「添い寝よりも一人寝」という価値観をベースにしているように感じられます。

しかしながら、同時に「人間はもともと添い寝をするように進化してきた」というような自然派志向の意見もよく聞きます。また、母乳育児を促進する観点から添い寝を進める専門家も少なくはありません。さらには、子供も親と一緒だと安心するので、子供の発育にも良いとの発言も散見します。考えてみればイギリスの夫婦は大体ダブルベッドに2人で寝ています。大人がいつも添い寝しているのに、子供に1人で寝ろとは不公平だと思いませんか。子供たちも誰かと一緒に寝たいのです。

とはいえ、そのような意見はイギリスでは一般的ではありません。誰しも、夜に目が覚めたりするもの。子供が小さければ、そういうときに怖くなったりして親を欲しがるものです。我が家の子供たちは、そういう場合は親のベッドに潜り込んでくるし、私たちもそれを拒みません。そのような私たちはイギリスでは異端児なのです。

もう一つのタブー：子供とお風呂

家族でお風呂。日本に行ったときは「家族風呂」があり、とてもよかったです。私の実家に泊まるときも家族での入浴が可能でした。でもイギリスの家のお風呂では全員は無理なので、最近まで子供たちと私か妻のどちらか片方が湯船に入っていました。これもあまり人に言えません。義父、義母にも言っていないことです。

そもそもイギリスの民家の浴室は家族入浴に適していません。日本であれば、浴槽に加えて体を洗ったりシャワーを浴びたりするスペースがあります。ところが、イギリスでは一般的に浴槽の中ですべての用を足します。シャワー室を別に設けている家もありますが、多くの家庭では浴槽にシャワーが設置されています。つまり体を洗うのもすべて浴槽の中。濡らしてよいのは浴槽の中のみ。また浴槽も日本のように深いものではありません。

子供をお風呂に入れるときは、浴槽に浅くお湯を張って、子供をそこに座らせ、親が浴槽の外から洗います。我が家は私か妻が一緒に浴槽に入り子供を洗っていました。しかし、最近は子供たちも大きくなりスペースがなくなってきました。親が一緒に入ることへの物理的な限界を超えてしまったわけです。

子供と一緒に湯船に入っていた我が家は、おそらく稀少な存在でしょう。というか、イギリスでは変態と思われてしまうリスクが伴うため、よっぽど親しく信頼できる人でなければこうした話はできません。

一つには、イギリスに温泉や公共浴場の文化がないことが大きいと思います。つまり、日本のように知らない人同士が裸になって一緒に入浴するような習慣がないのです。入浴への理解が深い私の妻でも、日本の温泉や公衆浴場にはかなり抵抗があり、実際にそれを試したことはありません。

それに加えて、裸体と性的虐待を結びつける先入観があるように思われます。お風呂に入れるために子供たちを裸にしたとき、彼らは無邪気にじゃれ合い大笑いしながら家じゅうを走り回っていました。とてもかわいらしかったため、私も妻もその無垢な姿を写真に収めましたが、ハッと我に返り、「絶対人に見せられないね」と苦笑したことがあります。

日本はそういう面では大らかだと思います。私はそういう日本の側面が好きであり、とても健全なことだと思っています。裸体での公衆浴という文化がある日本。子供がまだ小さければ異性でも親と一緒に入るのが普通です。例えば小さな男の子を持つ母親は、その子を連れて女湯に入ることでしょう。

日本では小さい子供を持つ父親の8割前後が「お風呂入れ係」を担当していると言われています。そして娘を持つ父親の場合、一緒にお風呂に入らなくなるのは、早くて幼稚園、遅くとも中1だとか。それも、娘から「お父さんとは入らない」と堂々と宣言されることはほとんどなく、なんとなく入らなくなっていくということ。

こうした日本社会の文化的傾向性は、おそらくほとんどのイギリス人には信じられないことでしょう。私にとっては子供を異性として意識しすぎるイギリスの社会的風潮にどうしても抵抗があります。子供の裸を特に気にしない日本の方が好きです。

外務省のホームページにもこんなことが書いてありました。

『とある先進国に在住の邦人一家。現地校に通っている娘さんが、作文に「お父さんとお風呂に入るのが楽しみです」と書いたところ、学校から警察に通報され、父親が性的虐待の疑いで逮捕されてしまった』

『家族で撮った写真のフィルムを現像に出したところ、子供が入浴している写真があるということで、警察に通報され事情聴取を受けた』

（中略）

ヨーロッパやアメリカでは、風呂場はプライバシーが強く保たれるべき場所だと考えられており、たとえ親子であっても一緒に入浴することは非常識な行為で、特に父親と娘の場合は、性的虐待が強く疑われることになります。また、児童ポルノに関する規制・処罰が厳しく、入浴中の写真を撮る等子供をポルノの対象にしている可能性があると疑われれば、警察に通報されることもあります。

皆さんもイギリスを含め欧米諸国に行ったときは気をつけてください。しかしながら、親子入浴は絶対にダメという意見しかないわけではありません。たまに「子供と一緒に入っている」というコメントを見ることがあります。しかし、そうした声があるたびに色々な悶着となり、最終的には親子入浴に反対的な意見寄りに収束していくのです。

ところが、イギリスでは夜9時を過ぎた「大人の時間帯」にテレビをつければ裸をよく目にします。さらに、イギリスでは性器にもモザイクなどかかりません。これらは特に性的な描写ではありませんが、おそらく一般的な日本人はびっくりすると思います。

また近年まで、某新聞の3面にはトップレスの女性の写真が毎日掲載されていました。こちらはあきらかに性的な描写です。テレビのＣＭやミュージックビデオ、広告などにはかなり過激な性的表現が満ち溢れています。

そのような社会空間にいるから、裸＝性的という思考にハマッてしまい、家庭の中での親の裸が云々という議論になってしまうのでしょうか？　妻とよく語るのですが、イギリスのメディアに氾濫する性的な裸体の描写に比べたら、親子の入浴の方がよっぽど健全だと思うのです。そもそも親子の入浴に性的な意味をくっつけないでほしいと思います。「親子の入浴」と聞いてそこから性的な意味を自動的にくみ取ってしまう、そういう心を持っている人が多いことに嫌悪感を覚えてしまいます。

家事

子育ての分野でリーダーシップをとっているのは妻です。彼女はまさに家庭の柱。家庭生活と子供のことに関しては妻が取り仕切っています。もちろん彼女の指揮下で私も言われたことはこなしていますが、全権は妻が掌握しています。しかし、重要事項に関して、妻は私の意見を求めてくれるので、私に威厳ある父親として重要事項を決定しているかのような幻想を与えてくれます。

妻にしてみれば、母親として家庭と子供を自分でしっかり管理したいと思っているのでしょう。彼女の母親としてのアイデンティティーのコアな部分なのです。そのアイデンティティーを守るためにあえて妻に任せている、と見栄を張りたいところですが、もちろんそんな嘘は言えません。この分野において、私の能力は妻より劣っているので、妻に大きく頼らざるをえなく、私はアシスタント的な役割となっています。しかし、日々、少しでも多くを学ぼうと心がけています（実際にどこまで学習できているのかは不安が伴いますが……）。

男女平等が叫ばれて久しく、女性の社会進出が進み、世の中には多くの仕事ができる女性がいます。しかし、私を含め家庭生活と子育てで活躍している男性は稀有です。この先、家庭と育児での男性のシェアを広げていくことが男の生き残る道かもしれません。そんなことを最近考えています。

「女は家庭で男は仕事」という考えを公言することが憚れるようになって久しくなりました。実際に、私たちのイギリスでの生活の実感として夫婦共働きが当たり前になっているようにも思われます。それを女性の社会進出として称える声も聞きますが、私たちの周りでは主婦は贅沢。一種、あこがれる存在かもしれません。自己実現のためだとか、きれいごとを言って仕事している人はあまり見かけません。実際はみな生活のため。夫だけの給料でやっていけるのであれば、喜んで主婦をしたい女性は多くいます。特に子供がまだ小さくて手のかかるうちはなおさら。

その理由として、家庭のことの大半は女性が担っています。夫婦共働きでも、家事や育児において女性のシェアが大変大きいのです。よって、共働き夫婦の場合、妻には家事育児の負担の上に、仕事を抱えることになり、二重苦に陥りがち。これは日本もイギリスも基本的に変わらない構造ではないでしょうか。

日本とイギリスの夫婦の家事分担を比較してみましょう。イギリスの方が、夫婦共同や、夫が行う割合がちょっと高いようですが、全体的に妻の割合が高いことは共通しています。

・料理

日　本、88％妻、7％共同、3％夫、2％夫婦以外

イギリス、60％妻、25％共同、15％夫

・洗濯

日　本、86％妻、6％共同、6％夫、2％夫婦以外

イギリス、74％妻、18％共同、7％夫、1％夫婦以外

・掃除

日　本、78％妻、14％共同、７％夫、１％夫婦以外
イギリス、60％妻、28％共同、８％夫、４％夫婦以外

「社会生活基本調査」（２０１１年）の国際統計から、６歳以下（日本、アメリカは5歳以下）の子がいる共働き夫婦夫の家事・家族ケアの分担率を計算すると、アメリカは40・０％、スウェーデンは38・３％、ドイツは35・３％、フランスは33・０％、イギリスは32・８％です。日本は18・５％でした。

我が家の家事分担ですが、洗濯はほぼ妻、掃除は7割強妻、料理（ケーキやお菓子作り以外）は8割以上私といった感じでしょうか。でも家事って洗濯、料理、掃除だけではないですよね。子供のお弁当作り、子供の衣服の管理、おもちゃの管理などもあります。それらに関して、子供のお弁当以外、私はほとんど関与していません。つまり我が家の施設運営と管理は妻が主導しています。

さらに保育園や学校関係の業務も妻が一任。保育園・学童施設への料金の支払い、保育園・学校から連絡があった際の対応、普段の買い物（私が買い物すると無駄なものを買いがち）や裁縫、その他もろもろ。こうやって書き出してみると、我が家の管理運営者は間違いなく妻ですね。

私は何もしていないように思われるかもしれませんが、料理の大半と掃除の一部、皿洗い等の習慣化した仕事を中心にこなしています。そして、その他の仕事は、妻からの指示を受けて言われるままにこなします。よく妻の指示が理解できず怒られてはいますが。

重い物を持ったり運んだり、自家用車を車検に出したり、などなど一応男っぽい仕事はしています。イギリスでは家の修理など男性がよくやっていますが、器用でない私は日曜大工に自信がありません。ちょっとした修理やペンキ塗りなど、妻の方が上手だったりもします。私はどちらかというと、お金がかかっても業者さんに頼んでしまいます。

そんな場合、業者さんとのやり取りの半分以上を妻がやっているのが情けない現状です。近年、床やキッチンをリフォームしたときも妻が業者とのやり取りをしていました。そう考えると、私も日本の18・5%並み、むしろそれ以下かもしれません。

唯一、五分五分の分担が成り立っているのは、私が仕事から帰って、夕食から子供の就寝までの流れでしょうか。イギリスでは基本的に残業しません。何か臨時の大切な業務があったりするときはもちろん夜遅くまで残ったり、休日出勤することもあります。しかし、そうした特別なことがない限り残業はしません。むやみに残業していると、それは「能力がなくて仕事が終わらない」もしくは「過剰な仕事を押しつけられている」と考えられ、基本的に上司の管理責任が問われます。

残業がないということは、帰宅の時間も早くなります。さらに通勤時間が短ければ、家族で夕食を取ることが可能です。しかしながら、これは通勤時間が自動車で片道30分ぐらいという恵まれた環境にいるから普通に思えることなのかもしれません。私たちの住んでいる地域からロンドンに通勤している人も多くいます。そうした人々は通勤時間が長くなるので、早朝に家を出て、家に帰るのは夜の8時や9時ごろになります。それでも日本よりは恵まれているのでしょうか？

私の場合は帰宅すると、急いで食事の準備。みんなで食卓を囲んで夕食を食べて、食器を洗うと、２人で子供をお風呂に入れて、歯を磨いて、パジャマに着替えたら、絵本の読み聞かせの時間。妻は英語の本を読み、私が日本語の本を読むという流れになっています。ちなみに最近は私の日本語の本読みが不調です。

イギリスの6歳以下の子供がいる家庭で、夫が「家事・家族ケア」をする平均時間は2時間36分だそうです。ちょうど帰宅して子供が寝るまでの時間と一致するような気がします。それに対し、共働きの妻の「家事・家族ケア」平均時間は5時間20分。妻の勤務日は一時期週3日間でしたが現在は週4日。週3日だったときは、仕事が終わる時間は私よりも早かったのですが、それでも子供たちを迎えに行くために、職場から保育園と小学校を経由しながら帰宅しますので、私の帰宅時間と大きく変わりませんでした。週4日になってからは、職場での責任も増え、私より仕事が終わるのが遅くなることが増えるようになりました。そのため私が出勤と帰宅途中に学童保育施設に立ち寄り、子供を送り迎えすることが増えています。しかし妻は夕食後に子供たちの宿題を見てあげたり、夜に子供服の裁縫等をしていることもあります。やはり妻が「家事・家族ケア」に費やす時間は私よりずっと多いようです。

子供が寝たら、夫婦の時間といきたいところですが、どうしても仕事の時間になってしまいます。妻はノート点検や採点。私もその日にやりきれなかった仕事をしたり、自分の研究などに費やしたりしています。ちなみに、本文を書いているのも子供が寝た後のこの時間。

イギリスには残業がないと言いましたが、このように自宅に仕事を持ち帰っている場合があるので「ない」とは言えないかもしれませんね。しかし、私たちは夜10時を目安に仕事をやめるようにしていて、一緒にソファーに腰かけてちょっとテレビのニュースを観るという習慣があります。この時間にはリラックスするようにして、夫婦団欒を心がけています。しかし、この文章を書いている現在、イギリスEU離脱の直前で社会は大混乱。ニュースを観ると余計リラックスできなくなってしまいました。

7. 最後に色々

私は「縁」という言葉が大好きで、この言葉で物事を（前向きに）諦めたり、勝手に納得したりしています。妻と出会ったのも「縁」であろうと考えています。そして私たちは、お互い深いところで同じような人生哲学を持っているように感じました。ですから私たちの進展はかなり早かったのでしょうか。

「深いところで同じ哲学」ということは、結婚して子育てをする中でも実感できることです。表面的な好き嫌いや文化の違いはありますが、もっと深い価値観や人生観、善悪の判断となった場合、今のところいつも2人で合意に至ることができます。

私は日本人で妻はイギリス人ですが、個々人が交際や結婚を考えるうえで、「～人」という言葉は「国籍」という事務的な意味以外何もありません。ましてや個々人の人間性とは関係ないものです。「～人」というカテゴリーには千差万別な無数の人々が含まれています。その中には自分に合う人もいれば合わない人もいるでしょう。これは、世界各国からの学生が集う国際的な大学で長年学ぶ中で私自身の経験として強く感じたことです。妻も母国スコットランドの国際的な大学で教育を受けました。さらにアフリカのマラウィー、スペイン、そしてインドといった国々で長期間生活していた経験を持っています。その中で私と同じ結論に至ったようです。

私にとって重要だったのは、もっと実際的な条件です。まず言葉。日本語または英語の話者でなければ自分と言葉が通じません。加えて妻にとっては、彼女が私に問いかけたように、(外国籍であっても)相手がイギリスにいられること。私も逆の立場だったら同じように考えるでしょう。

私は今後日本に戻る予定もなく、他の国に移住する予定もありません。長い人生、今後何が起こるかわかりませんが、一応このままイギリスで生活することを前提にしていました。そうなると「イギリス人だったらいいな」という漠然とした思いはありました。外国人としてイギリス社会で生活していくうえで、イギリス人のパートナーは自分の足りないところを補充してくれそうだと想像していたのです。これは絶対条件ではなく、イギリス人しかダメというわけでもありませんでした。

しかし、結果的に妻と結婚したことは、私が日本人としてイギリスで生活するうえで大きな強みとなっています。結婚してからの生活で実感させられるのは、イギリス社会に生きるうえで、「イギリス人と結婚している」ことは、どっから見ても「外国人」である私にとって、一種の武器になるということ。

例えば、以下はよくある会話のパターンです。

イギリス人：「イギリスにはいつまで滞在ですか？」
私　　　　：「いや、ここに住んでいるのでどこにも帰りませんよ（笑）」
イギリス人：「では、イギリスには長く住んでいるのですか」
私　　　　：「はい。もう20年以上になります。人生の半分以上ですね」
イギリス人：「どちらにお住まいで？」
私　　　　：「ハーンベイです」
イギリス人：「ご家族は日本ですか？」
私　　　　：「両親は日本ですが、ハーンベイで妻と2人の子供の家族4人で住んでいます」
イギリス人：「ご結婚されてるんですか？　奥さんは日本人で？」
私　　　　：「いいえ、スコットランド出身で、カンタベリーの某学校の教員です」

ここまでくると相手は私を外国人扱いできなくなり、ある程度「仲間」として受け入れざるをえなくなります。色々な国からの人が集まる社交の場になると、妻がイギリス人でイギリスで生活しているということで、イギリス人グループに入り込むことが比較的容易になったりします。そうしたグループ内での会話でも「最近スコットランドにホリデーに行って……」というような話を聞いたら、即座に「あっ、私の妻はスコットランド人で……」みたいに会話に入っていくことも。

別に社交の武器にするために妻と結婚したわけではありませんが、現実としてイギリス人妻を持つ強みを実感します。妻がイギリス人ということで、周りのイギリス人は私を100%外国人扱いできなくなり、私の存在を自分たちに属するものとして受け入れざるを得ないのです。これはむやみによそ者として排除されないための武器です。

イギリス人側に立って考えてみれば、彼らは別に私を排除しているつもりはないでしょう。私は、見た目からして典型的な「イギリス人」ではないし、話す英語も訛っています。どう考えても外国人です。自分との共通点が見えないので、相手にとっては何を話せばよいのかわからず困ります。そこで、私の妻はイギリス人でイギリス社会の生活者ということがわかると相手もホッとするのです。この人は半分イギリス人みたいなものだから、必要以上に気を使わなくても、話が通じるという安心感です。

さて、我が家に目を戻すと、５歳の長男は朝からご飯に醤油とポン酢をちょっと垂らし、それにアンパンマンふりかけをかけて、フォークで食しています。麺類は練習用の箸を使って食します。彼の醤油・ポン酢好きは常軌を逸しているかもしれません。先日、パンケーキを焼いてあげたら、「醤油とポン酢、プリーズ！」と言われました。「え、パンケーキにかけるの？」と何回も聞き返しましたが、息子は意思を変えません。そこでご希望通り、さらっと醤油とポン酢をかけてあげました。彼は満足そうにその醤油ポン酢パンケーキを見事完食。一方、７歳の長女には最近試しに買ってみた某会社のポン酢があまり口に合わないらしく、ご飯に醤油をちょっとだけ垂らして食べています。彼女は別の会社の商品が好みなようです。この子も私が焼いたパンケーキに醤油を垂らして食しています。

２人とも麺類が大好きで、朝からうどんをおねだりされることも多々あります。朝食にうどんをすすっている我が子を見ると、いったい自分がどこの国に住んでいるのかわからなくなってきます。妻はそんな子供たちの隣で、トーストやシリアルを食し、紅茶を飲んでいます。私はそんなわけのわからなさが大好きです。このイギリスの大地で、朝からうどんを箸を立派に使って食べている２人の成長が楽しみです。

さて、これからの課題は娘と息子への日本語教育。母国語という言葉が示すように、子供は母親の言語に影響されます。住んでいる国は英語の母国。子供たちが日本語と接するのは、私と接するときのみ。私も妻も子供たちには日本語も習得してもらいたいと願っています。

妻はとても協力的で、日本語はほとんどわかりませんが、それでも2人の子供を日本人の母親たちが集うグループなどに連れて行ってくれています。日本語がわからないのに100%日本語が条件である場所に勇んで通ってくれる妻の執念に感謝です。子供たちに日本語と接する環境を可能な限り増やすために、もう何年間もそのような根気強い努力を続けてくれています。

しかし本来は、日本語話者である私が一番頑張らなければなりません。とにかく子供には日本語で話しかける努力を惜しんではならないそうです。それなのに私は、よく英語で子供たちに話しかけてしまいます。英語の方が通じるので、面倒くさがってそのようなことをしてしまうのです。これではダメですね。

娘が日本人補習校に土曜日に通い始めてから、そこの先生がアドバイスをくれました。英語で話しかけても日本語で復唱すればよいとのこと。逆に日本語で話しかけた後で英語で言い直すのもOKだとか。復唱は言語習得にとても有効だとのことです。これを聞き「復唱すればよいのか！」と気持ちが楽になりました。しかし、言い方を変えれば、復唱しなければならないのです。妻と比べて意志の弱い私は、この復唱を怠けてしまいがち。そんなだらしがない私を妻は適度に叱咤しつつ、じっと見守ってくれています。妻の叱咤激励に応えなければなりません。この文章を書きつつ決意を新たにしています。

ここで私の出番はおしまいです。それでは、まだ子育て中の私たちとは違い、イギリスでしっかりと子供を成長させ、国際結婚の大先輩であるグリーン光子さんに登場していただきたいと思います。

第2部
グリーンファミリー

1. はじめに

イギリスが面白い、と気付いたのはいつごろからだったでしょうか。

私はイギリスへ来る前はフランスに住んでいましたので、最初はどうしてもイギリスをフランスと比較してしまっていたようです。

実はフランスを去る直前、私は恩師にイギリスへ行く決心をしたことを報告に行きました。すると、その恩師が感慨深げに、イギリスはとてもとてもフランスとは違っている、と忠告してくれたのですが、愚かな私は、ドーバー海峡を渡っただけでそんなに違うのかしら、という程度に受けとめただけでしたので、この2つの国がこれほどまでに異なっているとは想像だにし得なかったのです。

私が日本を離れたのは1986年でした。ある音楽大学を卒業後、物足りなく思ってフランスで勉強することにしたのですが、そこでひょんなことから現在の夫、ジョージと知り合いました。

彼はエンジニアです。ちょうどその頃フランスでは、ユーロスターやユーロディズニーランドの建設計画が始まった矢先でしたので、英語を話すエンジニアを必要としていたようです。今でこそ、パリへ行っても概ね英語が通じますが、当時はまだ、英語を話せるフランス人は稀でした。

それでも、英語は世界中で大概は通じてしまうという事実のため、外国語を学ぶ必要もあまり無いからなのかもしれません。イギリス人には語学の才能に恵まれない人が多いように思うのですが、夫もどうもその一人のようです。その頃の彼はフランス語の習得にやたら力を入れてはいたようですが、発音ではどうしても英語風アクセントが抜けず、相手の言うことは理解できてもわかってもらうのに苦労していました。

一方、パリでは人々はささやくように小声で話すので聞き取りにくいうえ、相手がフランス語をあまり話せないとわかると、あからさまに侮辱したり馬鹿にした態度を取ったりしますから、外国人には住みにくい街です。あるとき、パリ大学の日本人用宿舎を訪問する機会がありました。そこで出会った日本人留学生が、「僕らは語学がフランス人並みにはできないために、この国では犬畜生同然に扱われますからね」と言って憤慨していたのを今でも憶えています。

私も、フランスに到着した当初は人々と会話をするのは恐怖以外の何物でもありませんでした。買い物ひとつするにも、売り子さんは会話が通じないとなると、無視して次のお客さんに移ってしまい、振り向いてもくれません。それでも、慣れるに従って会話は少しずつ楽になっていきました。そして、この国では、人々は母国語に矜持を持って暮らしているのだということがわかってきました。彼らは、フランス語を「世界で最も美しい言語」と形容しています。

さて、後に私もそのことを思い知る機会がありました。ジョージと私は、彼の仕事に一旦区切りが付いたと同時に、イギリスで結婚式を挙げることに決めていたので、私の婚約者ビザを申請するためにパリのイギリス領事館を訪れたときのことです。

副領事だというういかにも育ちの良さそうな紳士が、面会してくれました。彼が簡単な挨拶の後に言ったのは、「Have you got your passport?」（パスポートをお持ちですか？）というフレーズだったのですが、私にはその響きがとても無骨で野暮に感じられ、がっかりしたのです。これが、私にとって生の英語を聞く最初の機会でした。

もともと私は英語やイギリスには興味が無く、大学でもフランス語とドイツ語を選択していたほどですから、その先の英語学習やイギリスでの生活を思いやってげんなりしてしまいました。

さて、そのような事情で来たイギリスです。何となく生活には困らない程度に英語が通じるようになっても、積極的にこの国を理解しようとしたり興味を持ったりするようになるまでには長い年月がかかりました。

その間、夫の支えがあったのは言うまでもありません。外国で暮らしていて嫌なことや悲しいことが起こると、人間どうしても自分のことは棚に上げて、他人のせいにしがちです。ご多分にもれず、私も全くそのとおりでした。そのため、不都合なことが起こると、日本ではこんなことはあり得ない、とか、イギリスは良くない、などと決めてかかっていたのですが、そういうとき、夫は私をなだめたりいさめたりするどころか、一緒になってイギリスやイギリス人を非難するのでした。のみならず、いつまでも悪口を言い続けるのです。それで、しまいには私のほうがイギリスの弁護に回る始末で、いつの間にか本来の騒ぎが丸く収まっているのでした。

しかしながら、夫がイギリスやイギリス人の悪口を言い続ける心理の背景には、実はイギリスへの深い愛情があるのだと、後にわかりました。

夫は、イングランド北部の古い町、チェスターの出身です。一人っ子として生まれた彼は父親が建築家で海外へ行くこともあったため、アフリカのガーナにあるインターナショナル・

スクールへ通った時期もあったそうですが、そのときに学校で一緒になったクラスメートの中に日本からの生徒がいて、それが日本人を見た最初の記憶だそうです。

少年期を過ごしたガーナでは、イナゴや蟻の大群に出くわしたり、あやうく豹に狙われそうになった経験があるそうで、イギリスに帰国してからはそういった冒険が無くなってしまい、つまらなかったのだとか。

その後、10代後半からはスコットランドの学校へ行っています。そこで身にしみたのは寒さとの闘いだそうで、イングランドに帰ってきたときには、温暖な気候がつくづくありがたかったとのことです。

さて、夫はフランスを引き揚げてイギリスに帰ったとたん、フランス語学習を放り出してしまい、俄然日本語学習に取り組むようになりました。そしてある日、「明日の朝を楽しみにしていて」と言うので、翌朝何が起こるのかと思っていたところ、開口一番「オハヨウゴザイマシタ」と真面目な顔で言うではありませんか。私は可笑しさで噴き出しそうになりながら笑うに笑えず、ただただごまかし笑いをしてお茶を濁してしまいました。このときの私の反応があまり良くなかったせいでしょうか、その後の彼は日本語への興味を失っていったようでした。

後に娘が産まれて、私と娘の会話が日本語になった頃には、私たちの会話に入れずに、意味もわからないまま闇雲に「Yes, indeed!」とか「Yes, You'r right!」などと相槌を打って憂さを晴らしているようでした。

そんな中でひとつだけ彼が習得した日本語があります。それは、「taberu」という言葉です。教えたわけではないのですが意味も正しく把握しており、私や娘がうっかりと、「ねえ、○○食べる？」などと言おうものなら、すかさず、「Yes, me taberu」とか、「Taberu time!」などと、横から答えます。しかも彼の発音では、綴りが「tabel」に近いものなので、なおさら聞いていて可笑しいのですが、本人は全く意に介さずです。

さて、そんな彼が最近になって凝り始めたのは、ロシア語です。語学の達人ならまだしも、世界で最も難解だと言われている言語に挑戦しようとする根拠が全くわかりかねますが、それでも本人は、「将来はエルミタージュ美術館に行くぞ」と一人、意気込んでいるようです。このように何年一緒に暮らしても、どうも謎の多い人物です。

現在夫が働いているのはロンドンの中心地、ホルボーン（Holborn）というところです。日本人はこの綴りを見て、「ホルボーン」と発音しがちですが、イギリス人はみんな、「ホーバン」に近い発音で呼んでいます。

ここのメインストリートに面したビルの1つが夫の勤務先なのですが、そこへ用事があって娘と一緒に夫を訪ねたことがありました。彼のいるビルには、「Templar House」と書かれてあったので、娘と2人で、「天ぷらハウスだって、可笑しいね」などと笑い合いながら辺りを見回しますと、その通りの向かいには、何と「ステーキ・ハウス」という看板を掲げたレストランがあります。さらに、天ぷらハウスの右隣は、「ヌードルハウス」と怪しげな中国風字体で書かれたテイクアウトのお店があるではないですか。娘と一緒に必死で笑いをこらえながらビルに入り、警備員に不審がられないようにするのに大わらわでした。おかげ様で方向音痴の私でも、そのビルには絶対迷わずに行き着ける、という自信があります。

これまでイギリスで夫と暮らした29年間は、このように珍道中の繰り返しでした。それで、過去に起こったことや私の感想を各章にまとめてみたのですが、書かれている順番どおりに読まずに好きなように読んでいただいても構わないようになっています。本当に色々なことがありましたが、私たちの旅はこれからもまだまだ続きそうです。

2. 冬季うつ病にご注意

イギリスは日本と比較して緯度が高く、この国で最も緯度の低いイングランド南西部でさえ、北海道の稚内よりもさらに北に位置するそうで、そのせいか日の長い時期には夜の10時頃まで明るく、逆に日の短い時期は夕方の4時頃には暗くなってしまいます。それで、日照時間が短い上、太陽が照ることの少ない冬季には、鬱病になってしまう人が少なくないのだとか。特に老人層には、11月頃から3月まで続く長く暗い冬や灰色の空を思いやって、体調を崩してしまうケースが多いらしく、訃報もこの時期に多く聞くような気がします。

確かに、クリスマスを控えた12月あたりはまだ華やぎもありますが、新年を過ぎてお祭り気分も消失した1月中旬頃からは、クリスマス期間の出費によって軽くなってしまったお財布とともに、気分的にもめっきりと落ち込んでしまう気持ちは理解できるような気がします。

何しろ春はまだまだ遠く、寒さも一層厳しくなる時期ですから、連日のように続く灰色の空やいつまでも降り止まない霧雨は確かに気が滅入ります。日本ではこの時期に豆まきやひな祭りなどの行事がありますし、気持ちよく晴れ上がる日も多いですが、イギリスではニューイヤーズデー以来、３月末あるいは４月上旬の復活祭までは何もありませんので、人々はただじっと春の到来を辛抱強く待ちこがれているのです。

この陰鬱な時期に発生する気分の落ち込みや体調不良はれっきとした病気だそうで、冬季うつ病または季節性情動障害と呼ばれています。ＧＰ（家庭医）に相談すると、きちんと話を聞いてくれて、不眠には睡眠薬、ひどい落ち込みには向精神薬を処方してくれることもあるそうです。長くて暗い冬は、特にお年を召した方や一人暮らしの人々にとっては、辛い時期なのでしょう。たとえ外出を避けて家のなかで過ごしていても、昼間から電気をつけないと暗くていられない日も多いのですから。

イギリス人の太陽への憧れは、そういった長い冬とあっという間に終わってしまう夏への未練から来ているものなのでしょうか。一昔前までは、こんがりと日焼けした肌は彼らにとっては一種のステータスシンボルでありました。と言いますのも、現在のように格安航空会社など存在しなかった時分には、暖かい外国へ行くことは富裕層にしか許されない贅沢だったのです。

しかし最近では、クリスマス休暇を利用してスペイン南部や北アフリカ、時にはオーストラリアやニュージーランドのような遠方へ出掛けてしまうこともごく一般的に行われるようになりましたし、天気の冴えないイギリスを脱出して明るく暖かい国へ移住してしまうイギリス人家族もいるようです。

私のある友人は、このイギリスの天気を「ブリ天」と名づけました。何しろ一日の天気予報が、「曇りのち時々雨、晴れ間もあるでしょう。ところにより風が強く嵐となる場合もあります。朝晩は霧が出ますので、車の運転には十分ご注意ください。なお、局所的に雹の降るところもあるでしょう」のように七変化、何でもありなのですから。晴れたと思い、薄着で外出してひどい目にあった、というのは誰しも経験することのようです。彼女から送られてくるメールには、「明日のお出かけには、傘とパーカーをお忘れなく。何しろブリ天は信用できませんからね」などとあります。

しかし、この国に暮らすうちに、イギリスの暗くて長い冬にも楽しみが見出せることに気づきました。由緒あるパブや、レストランに改造されたマナーハウスと呼ばれる旧貴族の館には、大人が入ってしまえるほど大きな暖炉にたっぷりと薪をくべているところがありますが、その大暖炉の前に設えられたソファにゆったりと沈み込みながら親しい友人や知人とのおしゃべりを楽しむのは格別に心地よいものです。お酒の好きな方々にとってはさらに幸せなひと時であるかもしれません。アルコールにアレルギー症状を呈する私には、残念ながら絵に描いた餅ですので、わざわざジュースを飲みにひとりでパブまで出掛けていくほどの酔狂さはありませんが、連れのあるときにはぜひカントリーハウス（田舎家）の雰囲気を楽しみたいと思います。

特にそれが歴史的建造物である場合には、いくら眺めても見飽きないぬくもりがありますし、その建物の由来や歴史を辿ってみるのも面白そうです。中には幽霊が出るという評判のパブやホテルもあります。昔の梁やドア、床板などまだ使える部分をできるだけ保存しながら注意深く改造された部屋には、どっしりと重厚な家具が備えられており、これまた古色蒼然とした分厚い絨毯やカーテン、明るすぎない照明に彩られ、心休まる憩いの場を作り上げています。

出掛けるのが億劫な日には、自宅の居間で毛布にくるまりながら読書にふけったり編み物をしてみたりするのも冬独特の楽しみのひとつです。どういうわけか、私は幼少の頃から手指を動かすのが大好きで、刺繍やアップリケ、編み物、千代紙などでよく遊んでいました。特に毛糸には、肌寒くなる秋口に郷愁のような懐かしさを感じ、引きつけられるものがあります。偶然にも、ここイギリスは編み物に縁の深い国ですから、ガーンジーやアランのようにニットの固有名詞になった地名も多くあります。スコットランドのさらに北方にシェットランド諸島という島々があるのをご存知の方は多いと思います。有名なシェットランドウールの原産地なのですが、いつの日かそこを訪れてみたいというのが私の夢です。そこにはフェアアイルと呼ばれる編み込み模様の発祥の地、フェア島もあります。これらの島々は地理的に北欧やアイスランドとスコットランドの中間辺りにあり、そのせいか北方からの影響が編み物にも色濃く出ているのが面白いですね。

さて、フェア島の編み込み模様には家紋のようにその家独特のものがあるそうです。その昔、荒天によって漁船から転落し波打ち際に打ち上げられた漁師の遺体を判別するのに役立った、と聞いたことがあります。島では、漁に出かけた男たちが留守の間、家事をしながら編み物をするのが、残された女たちの重要な仕事だったそうです。そして、ひとつひとつの柄に意味があり特徴があったのみならず、1列に2色の色糸を編み込む彼女らの技術によって編地の厚みが増し、保温に優れた効果を発揮したようです。この、16世紀あるいはもっと昔のヒートテック、興味深い話ですね。

それでは今晩もお気に入りの本や色とりどりの毛糸に囲まれて身も心も暖かく、冬季うつ病に負けないようにしましょうか。

3. イギリスで美味しいものにありつくには

イギリスの食事はまずい、とはいつの頃からどのように日本人に定着してしまったのか定かではありませんが、あえて「イギリスはおいしい」という表題で本をお書きになった著名な大学教授もいらっしゃるところからして、この定説は根深いものかもしれません。

しかしながら、かの地に生活している者として肩を持つわけではありませんが、イギリスで美味しいと感じる食べ物は案外多く存在するように思います。

ちなみに「英国人の好きなイギリスの食べ物ベスト10」というのを調べてみますと、日本でもお馴染みの「フィッシュ&チップス」や「イングリッシュ・ブレックファースト」の他、ローストのヨークシャープディング付き、シェパーズ・パイ（羊飼いのパイ）やコテージ・パイ、ステーキ&キドニーパイなどのパイ料理、軽食ではコーニッシュ・パスティやベーコンサンドイッチ、デザートではクランブルのカスタード添え、ストロベリー&クリーム、トライフルなどが挙げられるようです。

これらの料理は、家庭で簡単に調理することができるものばかりですので、わざわざレストランへ出掛けて食べるイギリス人はあまりいないかもしれません。また、出来合いや冷凍食品としても楽に手に入るものなのですが、試しに自分で手作りしてみますと、それらとは比較にならないほど美味しく出来上がるのが驚きです。調理法についても、和食や中華の複雑な調理に慣れ親しんでいる日本人にとっては、比較的簡単なものばかりのようです。

例えば、ヨークシャープディングというのは卵と粉をあわせ、牛乳で溶いたものを天火で焼くだけですが、黄金色に大きく膨らむので見た目にも豪華で、老人から子供まで万人受けする食べ物のようです。これをローストしたビーフやチキンなどの付け合せとして食べる以外にも、「Toad in the hole」というお手軽な料理に使われています。これは「穴のなかの蛙」という意味で、料理の名前としては食欲をそがれてしまいますが、ヨークシャープディングの種にソーセージを2～3本放り込み、天火焼きするだけの料理です。焼けて膨れ上がったヨークシャープディングに深く埋まったソーセージがちらりと見えている様子を蛙に見立てたのでしょうか。これには茹でた野菜をあしらって、グレービーソースをたっぷりとかけて供するようです。言うなれば、その昔、ローストする肉の塊を買えない貧しい家庭が食卓でこの料理を囲み、温かく豊かな気分になったのかしら、と想像できるような料理です。作り方が簡単で、しかも食卓に出せば家族から賞賛されること間違いなしなので、日本にお住まいの方にもぜひお勧めしたい一皿です。

さて、日本でもっと普及してても不思議ではないデザートが、イートン・メスと呼ばれるものです。イートンというのは有名校のイートン・カレッジのことですが、その名前を冠しているわりにはあまりにざっくばらんで手間のかからないデザートですので、お菓子作りの得意な方にとっては拍子抜けしてしまうかもしれません。泡立てた生クリームと焼いたメレンゲ、それにイチゴやラズベリーなどの果物にお砂糖を少々振り掛けて混ぜておいたものを全てガラスの容器などに入れ、混ぜ合わせて食べるという、子供でも作れる簡単なデザートです。最も、メレンゲをお手製する場合は前もって焼いておかなければいけませんが、イギリスでは焼いたメレンゲがスーパーで販売されていますので、私のようなものぐさ者はもっぱらそちらに頼る始末です。このデザートは、材料全てをひとつの容器に投入したあと、「メス」、つまり、ごちゃ混ぜにしてから食べるのが美味しいので、メレンゲが壊れ、イチゴがつぶれるまで混ぜる必要があります。さらに、それを一人分ずつきれいなガラス容器に盛り付け、イチゴやミントの葉を飾りつけると、思いの外可愛らしい出来栄えになるのが嬉しいではありませんか。すでにぐちゃぐちゃに崩れている状態ですから取り分けに気を使う必要も無く、手先の不器用なイギリス人にはお誂え向きです。お客さんにお出しする場合には、大きなガラス容器ごと食卓に置き、各自が好きなだけ取り分ける、ということもできます。

際立つイギリスの食生活の特徴を挙げるとしたら、クリスマスのご馳走があるかもしれません。私が初めてクリスマス・プディングなるお菓子を目にしたのは、パリに住んでいた頃、当時繁華街にあった英国系デパートのマークス・アンド・スペンサーでした。黒っぽいねっとりとした色艶で、ドームのような形状をしているそのお菓子が、あまりに魅力的に見えましたので、迷わずに買ってしまいました。本来このお菓子は蒸し器で蒸してから温かいソースをかけて食べるものだということを知らなかった私は、缶を開けるとそのまま一口、口に入れてみたのですが、色々なものの入り混じった複雑で重厚な味に、思わず言葉を失ってしまいました。美味しい、あるいは不味いという以前に、その味は私の想像をはるかに超えていたからです。

イギリスでこのクリスマス・プディングを作るために主婦たちが準備を始めるのは、クリスマスのひと月ほど前のこと。その11月の第三あるいは第四日曜日のことを、「Stir-up Sunday」と呼び、いつもの日曜礼拝の後、家族全員が総出でクリスマス・プディングを作るのがこの国の伝統なのだそうです。材料は、大量のレーズンや干し杏などの干し果物、オレンジの皮の砂糖漬け、小麦粉や卵、牛脂、ブランデーなどで、それらを一緒にしてから、よく混ぜ合わせる必要があるのですが、何しろ密度の濃い大量の混ぜ物ですから、相当な腕力や体力が必要とされます。それで、家族が交代しながらこのプディングを混ぜていき、何時間もかけて丁寧に蒸し上げたものを、清潔な布で覆ってクリスマス当日まで寝かせておくのだそうです。先に述べましたように、当日はもう一度蒸し直し、温かいカスタードソースやブランデーソースなどをかけて食べるそうです。取り分ける前に、さらにブランデーを回しかけて、火をつけてアルコール分を飛ばすのもクリスマスの食卓の見所です。最も近年では、出来合いのクリスマス・プディングを買ってきて済ませる家庭が増えており、こうした家庭の手作りの伝統が忘れられる傾向にあることは、何とも寂しい限りですね。

私の義理の母、つまり夫の母は、体の自由が利くうちは毎年、手作りのクリスマス・プディングとクリスマス・ケーキを送ってきてくれました。お店で買うものとは比べ物にならない美味しさに、思わず作り方を教えてほしいと頼んだところ、震える字体で細かく書いたレシピも送ってくれたのです。義母は、他にも昔ながらの家庭料理を得意としており、例えばステーキ&キドニーパイのように下準備によっては臭いが残ってしまうものでも、上手にこしらえていたのですが、残念なことにその調理法を聞く前に亡くなってしまいました。

さて、クリスマス・プディングに限らず、イギリスでクリスマスに食べるお菓子やデザートは、その他にクリスマス・ケーキ、ミンス・パイ、トライフルなどがあります。トライフルは年間を通して販売されているデザートですが、クリスマス用にはシェリー酒を使用したり立派なガラスの容器に入っていたりと、普段より豪華なものがお店に用意されます。

このトライフルも家庭で作ることが容易なデザートで、材料はゼリーの素（イチゴ味等）、カステラ、シロップ、カスタードクリーム、生クリームなどです。まず、底が平らになっている大きな器を用意します。蓋のできるものがあれば一層良いでしょう。その容器の底にゼリー液を流し込み、一旦冷蔵庫に入れます。ゼリーが固まったのを確認したら、カステラをシロップに軽く浸してから載せます。シェリー酒やブランデーがあればシロップに加えても良いかもしれません。そしてさらにその上には、前もって作って冷ましておいたカスタードクリームを流し込み、表面を平らにならしてください。最後に、生クリームを泡立てたものを加えるのですが、搾り出し袋などを使ってデコレーションしながらやると、見た目も良いでしょう。生クリームの上にさらに削ったチョコレートやココアの粉、スライスして焼いたアーモンドなどで飾りつけをする場合もありますし、ゼリーに果物のコンポートを加えても美味しいですよ。蓋をして冷蔵庫で十分冷やしてから食べるのですが、透明の容器で作ると、赤いゼリー、黄色いカスタード、白い生クリームが層になって美しく、小さな子供からお年寄りまで、家族全員が楽しめます。イギリスでは生クリームを泡立てるときは普通はお砂糖を使いませんので、あまり甘すぎず意外にさっぱりとした味のデザートです。

4．異国での料理苦労話

かれこれ25年以上住み続けたイギリスで、何が一番不自由ですか？　と聞かれたら、それは食べ物だと、即座に答えると思います。

私がイギリスに来た1990年頃、日本食の材料を手に入れられたのは、当時ロンドンにあった、たった1店舗のみだったと記憶しています。その頃は、近年のようにイギリス資本のスーパーマーケットで醤油や味噌などの日本の食品が棚に並ぶということなど、想像さえできませんでした。そのため、愛しく懐かしい日本食を夢見ながら、現地で手に入る食材を駆使して涙ぐましい努力をしたものです。基本的に、純和食系はイギリスでは材料の調達が困難なものがほとんどですが、中華系はまだ望みがあると、色々と可能性を試みました。そのうち我ながら大成功と思われたのが、スパゲティを使って作る冷やし中華やラーメンでした。と、聞いただけでは食指も動かないかもしれませんが、当の私は自画自賛で、うちへ来られる日本人のお客様には必ずと言ってよいほど振舞っていました。特に冷やし中華は、日本で主流の甘いスープのものより格段に上なのでは、とひそかに自負しています。スパゲティの食感、アルデンテはコシの強さなのですから、中華麺の代用として悪かろうはずがないではありませんか。

ところが、案に相違して、私の傑作は家族からは良い評価が得られませんでした。娘は、「まあ、いいんじゃないの」程度の反応、夫にいたっては、「何これ、冷たくなってる、悪いけどこんなもの食べられないよ」と、ひと口食べて放り出すほどの酷評。そう言えば、イギリスで冷たい料理はピクニック以外ではほとんど見られません。褒めてくださったのは、やはりお客さんのお世辞だったのでしょうか。今後は公正な評価をしてくださる方を、ぜひお招きしたいと思います。

さて、近隣にお住まいのよその日英家庭のお宅でも、私と同様に試行錯誤を繰り返し、様々な工夫を凝らして食生活の寂しさを紛らわせていらっしゃるようで、お茶や食事に招いたり招かれたりすると、必ずと言ってよいほど食についての話題が沸騰し、お互いの苦労話や情報の交換に余念がありません。中には、納豆を自家製されるお宅まであって、人間、食べることへの執念で、何でもやってしまうものだと感心させられます。かくいう私も、うどんや蕎麦の手打ちに挑戦し、うどんに関しては一通りマスターしました。

これまでに挑戦して成功した（と思っている）ものは、数知れないでしょう。特に、中華料理は食材が手に入りやすいということもあって、大概のものは自家製でできるようです。餃子やシュウマイ（これらは皮から手作りすることもあります）、酢豚や麻婆豆腐、蒸し鶏の冷製、肉まん、あんかけ焼きそばなど。例え和風料理でも、基本的な調味料や食材さえ手に入れられれば作れるものはたくさんあります。味噌と清酒、醤油があれば、肉や魚の味噌漬けや照り焼きができますし、小豆や大豆があればぜんざいや豆腐も作れます。さらに、だしの素やお米があれば茶碗蒸しや炊き込みご飯もできますから、和風フルコースも十分可能です。日本の洋風料理となるとさらに容易で、コロッケやオムライス、ポテトサラダやシチューなど、大概のものが作れるわけです。

このように、作る手間さえ厭わなければイギリスの食生活も悪くはないものです。何しろ、ヨーロッパ諸国の食材も日本に較べるとはるかに調達しやすいのですから。ちょっと寂しく感じられるのは、魚介類の生鮮品が手に入りにくい、ということでしょうか。

我が家に、日本人以外のお客様をお招きする際には、先方から特に所望されない限り、日本食をお出しすることはあまり無いのですが、時と場合によっては日本風のお茶や料理でもてなすこともあります。

娘が小学生だった頃のクラスメートに、アフリカのジンバブエで生まれ育ったというイギリス人の女の子、ジェイミーがいました。彼女の祖父に当たる人がイギリスからジンバブエに移住し、彼女の両親はどちらもジンバブエで生まれ育ったのだとか。ジェイミーのお父さんは当地でジャーナリストをしていましたが、政情不安から２００５年頃、所有していた土地や家屋敷全てを捨て、家族全員がスーツケースのみでイギリスへ逃れて来たそうです。

ジェイミーには、小柄ながら堂々とした貫禄のあるおばあちゃんがいらっしゃいました。いかにも古い世代のイギリス人女性といった感じのその方は、ジンバブエでは私立の女子校で校長をされていたそうです。彼女は、多くの才能に恵まれた人のようでした。ウェディングケーキに代表されるような、砂糖細工のケーキ作りがその特技のうちのひとつで、ジェイミーと仲良くしていた娘は、自分の誕生日パーティーのために、そのおばあちゃんにお手製のケーキを作ってもらう、という幸運にめぐり合いました。バレリーナをテーマにしたそのケーキは素晴らしい出来栄えで、製作には丸１週間もかかったと聞きました。それで私たち親子は、何とかおばあちゃんにお礼がしたいと思い、どうしたものかと悩んだ末にご本人に直接伺ってみたところ、昼食かお茶に招待してもらえたら嬉しい、との率直な回答をいただき、喜び勇んでランチの招待状をお渡ししたのです。すると、日本のお食事でも構わないが、お寿司のような魚介物は遠慮させてほしい、とこれまた正直なお返事があったので、迷わず日本風のカレーライスをお出しすることに決めました。私はこれまで、日本風のカレーライスが嫌いだというイギリス人には、お目にかかったことがありません。大概のイギリス人は、白いご飯は苦手だと言うのですが、カレーと一緒ならば、「美味しい、美味しい」と言いながら食べてくれるようです。夫のジョージなどは翌日でも翌々日でも、残り物のカレーの処理を一手に引き受けてくれます。そもそも、インドはイギリスの植民地だったのですから、カレー味のものには昔から馴染みがあるのでしょう。「チキンコーマ」というカレー味のチキンのサンドイッチも、イギリスでは定番です。

当日、ジェイミーとおばあちゃんにも、カレーライスは大変喜んでいただけたようでした、後にお礼のカードまで頂戴しました。こうして、事前にお客さんからはっきりとおもてなしの内容について希望を述べてもらうというのは、日本ではあまり無いことかもしれませんが、合理的でなかなか気持ちの良いものかもしれないと思いました。

このとき以外にも、おもてなしについて先方からご提案いただいたことがありました。やはり娘の小学校時代のことですが、クラスメートのお友達のお母さんから、子供たちにお寿司の作り方を教えてやってもらえないか、という申し出があったのです。そこで、娘のお友達5~6人を自宅に招待して、のり巻きの作り方を伝授しました。のり巻きの具には、きゅうりや卵、鯖の燻製やアボカド、ツナのマヨネーズ和えのように、イギリスでも簡単に手に入り、かつ万人受けするような食材を選出。当日、子供たちはこの体験学習に大興奮してしまい、歓声を上げながら巻きすを使って次々とのり巻きをこしらえました。娘は、友人たちの予想外の熱狂振りに有頂天になってしまったようで、「ジェシカ、今のはうまくできたわね」とか、「スージー、それはご飯が多すぎると思うわよ」などと、いちいち偉そうに口をはさんでいました。

海苔は、本来ならその色と形状からして、警戒して食べたがらないイギリス人が多いのですが、子供たちには先入観もあまり無いせいなのか、何の抵抗も無い様子でした。出来上がったのり巻きをお腹いっぱい食べてくれたばかりか、残ったものを家族へのお土産にしたい、とまで言い出しました。それで、残り物を体裁よく詰め合わせて帰宅させたのですが、後日、ひとりの子の母親から、「うちの子が持って帰ってきたもの、捨てたわよ。子供は食べていたけれど私は食べられそうも無かったから」と聞かされました。大人になるとどうしてこうまで適応能力が喪失するのだろうか、見栄えがそれほど悪かったのだろうか、とひどく残念に感じましたが、同時に、このように率直に真実を教えてくれるのも真にイギリス人らしい、と思いました。

ところで、イギリスに回転寿司のお店があるのを皆さんご存知でしょうか。10年ほど前からロンドンで回転寿司屋が開店し出し、評判も悪くは無さそうでした。一度は私も出掛けてみましたがあまり感心しませんでしたし、日本と比較してかなり高価なように思えたので、それ以来足を踏み入れていません。

今でこそ、健康ブームとともに日本食がもてはやされる時代となりましたが、イギリスで堂々とジャパニーズ・レストランの看板を掲げたものの中には、到底日本人の経営とは思えないような、怪しげな名前のレストランやメニューも多くあります。日本食ブームに便乗してお金儲けを試みる人たちは後を絶たないのです。それらの贋日本食レストランでは、何を出されるかと戦々恐々し、食事を楽しむどころではありません。それで、こちらも用心深く店内の様子をのぞいたり、人づてに噂を聞いたりと、よく下調べしてから出かけることにしています。その昔、あるレストランでは、寿司のメニューが全て「ZUSHI」と書かれていました。その理由を訝りながらメニューを探っていて、目に付いたのが「MAKIZUSHI」の文字だったのです。ここの店主は、寿司は常にZUSHIと綴るのだと思い込んだのに違いありません。また、別のあるレストランでは、握り寿司の具に茹でたにんじんや赤ピーマンが使われていました。マグロやサーモンの握りを、色や形だけ真似たのかもしれないですね。

このような幼稚な勘違いや誤りは、今でこそさすがに過去の遺物ですが、お客のほうも大概は日本へ行ったことがないばかりか、本物の寿司を見たことも食べたこともない人がほとんどなので、シェフがちんぷんかんぷんなことをしてもそれほど問題は起こらなかったのかもしれません。何しろ、ＢＢＣの子供番組の中で、タイ風の両手を合わせてするお辞儀のことを、日本の習慣として紹介するほどですから、イギリス人の日本に関する知識は、まだこの上なく怪しいものだと言えるのではないでしょうか。今後もイギリス人の日本に対する意識改造に努める必要がありそうです。

ところで、もしかして、と不安になったことがあります。私も、イギリス人の目から見たらおかしなことをやっているのに、自分では気づかずにいるのでは？

5．やまとなでしこ対イングリッシュ・ローズ

イギリスに移り住んで以来、少しずつこの国の風習や人間について学んでいく過程で、どうしようもなく悩んだ時期がありました。

それは、自分が本質的に日本人であることをやめることはできない、と知ったからでした。イギリス人は物言いや行動が直截的、自己本位ですので、常に相手の気持ちを慮って行動する日本人の習慣とは大きく異なります。従って、時には相手の迷惑であろうが自己の利益を堂々と優先する人もいますし、それが当然のように振る舞う場合もあります。自分を大事にし、自分に正直に生きている証拠で、合理的と言えなくもないかもしれません。それに引き換え、遠慮がちに他人の思惑ばかりを気にしながらもこの国に馴染もうとしている自分の生き方が、愚かな独り相撲に見えたからです。しかし、生まれてこのかた日本の風土で日本人

として育ってきた人間がそう簡単に異国の風習に染まるわけはなく、性格が一夜にして変貌するはずもないのです。

その頃、何故か「やまとなでしこ」という言葉をよく思い出しました。女子サッカーのなでしこジャパンが有名になるよりもずっと昔のことです。この言葉には、日本人女性特有の美しさを讃える意味があると思うのですが、私はその言葉に憧れながらも自分には異質な何かがあるように感じていました。当時はまだ、その何かの実体が見えていなかったのです。ただ、自分は「やまとなでしこ」には絶対になり得ないことを知っていました。それで、自分なりのスタイルで行くしかないのだと開き直った私は、日本人であることをやめようとするのではなく、何があっても自分のうちの日本人を貫き通すことに決めました。

それ以来、何年も経ってから、イギリス人の中にもイギリス流の奥ゆかしさを持った人や、真っ直ぐな真摯さを持った人がいるということに気づくようになりました。

イギリスで「やまとなでしこ」に相当する、女性への褒め言葉は「イングリッシュ・ローズ」だそうです。可憐で自然の美しさを備えたイギリスの白人女性に与えられるあだ名で、かつてダイアナ元妃が亡くなったとき、ウェストミンスター寺院で執り行われたお葬式でエルトン・ジョンが歌った歌に、その「イングリッシュ・ローズ」という言葉が挿入されていたため、今でも彼女をイングリッシュ・ローズにたとえる人が多いそうです。

さらに、薔薇とイギリスとの因縁について考えてみますと、薔薇はイングランドの国花でもあり、「チューダー・ローズ」と呼ばれる赤い薔薇は、王家の紋章として使われているばかりか、現在はサッカーのナショナル・イングランド・チームのユニフォームのクレスト（徽章）にも用いられています。三頭のライオンの周囲にこのチューダー・ローズがちりばめられているのを、テレビなどでご覧になった方がいるかもしれません。

毎年6月頃、色とりどりの薔薇が一斉に咲き乱れるこの時期は、イギリスの最も美しい時節だと思います。それは1年のうちで最も日の長い時期でもあり、比較的雨も少なく、実に気持ちの良い季節なのです。

夫のジョージは無類の薔薇好きで、ウナギの寝床のように狭くて長い我が家の庭には、50種類以上の薔薇が所狭しと植えられています。まるで薔薇園でも始めるかのように、週末にはせっせと手入れに余念がありません。そのうえ、ひとつ植えるとまた新しい品種が欲しくなるのか、ガーデン・センターへ足しげく通っています。

イギリスでは彼のように、庭仕事を趣味とする男性は珍しくはないようで、春から秋のシーズン中はテレビや雑誌、新聞でも、ガーデニングに関する番組や記事が目白押しです。そのうちで最も話題性に富むものは、やはり「チェルシー・フラワー・ショー」でしょう。これは、イギリスの王立園芸協会が主催して行うガーデンショーです。今年も特別番組が組まれて、毎日のようにショーの様子がテレビで放映されています。世界中から花や草木、アイデアが集められるわけですから、このショーで入賞するのは至難の業。一片の花びらにまで完璧さが要求されるので、たった1本の花のためにその何十倍もの数がスペアとして用意されると聞きます。数日間のこのイベントのために、ブルドーザーやフォークリフトまで導入して会場作りをするというではありませんか。自然を礼賛するはずの行事が、実は地球温暖化を助長しているのでは、とギョッとしてしまいました。

さて、チェルシー・フラワー・ショーとまでいかなくとも、我が家の庭には、池や噴水、温室、芝生、鉢植えなど、ありとあらゆるものが詰め込まれ、狭いながらも満艦飾です。面白いのは、夫は自分の創り上げた庭に座って草木や花を鑑賞することは全く無くて、常に追われるように何かの作業に没頭していることです。それはまるで終わりの無い宇宙のよう。そこでは、彼が創造主であり、誰にも邪魔されない空間なのです。それこそがガーデニングの醍醐味なのかもしれませんね。まさに、An English man's home is his castle. です。

それでは、アーチや塀に這うように植えられたジャスミンやテッセンと絡まり咲き乱れる薔薇を眺めながら、庭でお茶でもいただくことにしましょうか。雑草取りに夢中の夫も、お茶の誘惑には勝てないはずですから。

6．イギリス人には変人が多い？

日本を出て、言葉の壁に突き当たりながら暮らしていると、どうしてもストレスを溜めやすくなるようです。特に、母国語を話す機会が限られてしまったり全く無くなってしまう場合は、どこかでそれを補う必要が出てくるように思います。もともとはそれほど外向的ではない人でも、外国では同国人同士で集まってしまう傾向があるのは、そういった理由からかもしれません。

私も日本では決して友人の多いほうではありませんでしたが、日本を出てから母国語を話すことの大切さやありがたさを痛感しました。特に新しい土地での暮らしに慣れないうちは日本人に出会えるととても嬉しく、あっという間に親友になってしまうこともありました。

私たち一家がケント州に引っ越してきた当時は、近辺には知り合いが全く無く、今ほど国際電話の通話料金も安くはなかったので、日本語を話したくなると街で東洋人女性を見かける度に話しかけていました。

ある日、日本人と思わしき女性が幼児の手を引いて歩いているのを見かけたので、即座に「ハロー」と挨拶したところ、相手もにっこり笑って「ハロー」と返答してくれたので、「失礼ですが日本の方ですか？」と聞いてみると、中国系マレーシア人だということでした。それでも、会話の糸口ができたのでその場で立ち話をして、お互いに自己紹介をするうち、彼女には日本人の友人がいることがわかってきました。彼女がその友人を紹介すると言ってくれたので、大変嬉しかったのを憶えています。そのマレーシア人の彼女には、偶然私の娘と同年代の娘さんがいたので、お互いの子供たちが大学に入るまで、長い間友好関係を保つことができました。そして、彼女の紹介で知り合った日本人の女性とは、今では長くお付き合いして旧知の間柄です。

このようにして、ひょんなことから芋づる式に日本人の友人が増えていき、しまいにはかなりの数の友人グループが出来上がりました。そういった人たちと会うと話が弾んで、当然自分の子供や夫についても話を披露したりするのですが、皆さんのほぼ全員が自分の夫のことを変わり者だとおっしゃるのに気がつきました。

かくいう私自身も、夫のことを類稀なる変わり者だと信じていますので、これは大変興味深い発見でした。どちらがより風変わりか、まるで競うようにお互いの経験談で話が盛り上がるのが面白いです。さらに可笑しいのは、皆さん誰もが、自分の夫ほどの変人はこの世に存在するはずが無い、と確信していらっしゃることです。

さて、これまでにお目にかかった変人についてご紹介しましょう。グレアム氏は親日家で日本に住んだこともあり、日本語から英語への翻訳を生業としています。通常、親日家と聞くと、日本の武道や伝統芸能の愛好家を想像しがちですが、彼が愛好するのは日本の地下足袋です。履き心地が大変良いと靴の代わりに毎日履いているのだとか。さらに、日本の手ぬぐいも大のお気に入りで、手を拭いたり汗を拭ったりするのにとても良い塩梅だと、マフラーのようにいつも首にかけているそうです。

続いては、近所に住む友人の夫、ウィリアム氏。あるとき、彼の勤務先であるユーロスターが社員のトレーニングと福利厚生を兼ねて、パリのディズニーランドへ社員を無料で招待しました。大多数の社員は色めき立ち、大喜びしたそうですが、ウィリアム氏だけが冴えない表情で帰宅しました。

実は彼には若いころからひとつの信念があって、アンチアメリカ派を貫いてきたのです。アメリカ排斥、つまりマクドナルドを始め、アメリカ企業やアメリカ製の商品の不買運動を続けていて、普段もチェ・ゲバラがプリントされたTシャツをこれ見よがしに着ていたりします。彼によると、アメリカが関わった戦争は全て、彼らのエゴイズム以外の何物でもないというのです。

従って、彼のような人がアメリカの象徴とも言えるディズニーランドへ行くことは断じてあり得ないわけです。結局、そのイベントをどうしたのかというと、ディズニーランド駅まで行くには行ったそうですが、その後は同僚の思惑など歯牙にもかけずに一人でホテルで過ごし、翌日彼らと一緒に引き返して来たとのことです。

話だけを聞くと、ウィリアムさんがむっつりと気難しい人物であるかのような印象を与えるかもしれませんが、実際の彼は気弱で優しい性格の人で、子供は嫌いだと言いながらうちの娘を可愛がってくれたり、パーティーを開いて私たち一家を招待してくれたりしたことも何回かありました。

また､別の友人からは次のような話を聞かされました。知り合って間もないころ､相手（イギリス人男性で、後日その友人の夫になった人物）の誕生日に贈り物を手渡したそうです。すると、彼はその場で包みを開封し、その中身を見るなり､「これは僕は使わないと思うから返すよ」と言って、突き返してきたのだとか。あのときの怒りは一生忘れられない、と友人は言います。それでも、そんなことがありながら彼と結婚した彼女は、今ではとても幸せそうなのが微笑ましいのですが。

さて、うちの変人、ジョージについてはすでに何度も伝えてきましたが、まだまだ続きがあります。

イギリス人男性の半分以上は、フットボールの愛好家だと言われているそうですが、私の夫は残りの半分に当てはまり、さらに言えばフットボール嫌悪家ということになるようです。彼のフットボール嫌いは徹底していて、ＢＢＣに抗議の電話を入れたこともあるほどです。ある休日、何気なくテレビのスイッチを入れたら、どのチャンネルでもフットボールの試合中継をしているのを見ているうちに、おもむろに受話器を取り上げＢＢＣに電話を掛けました。相手が「今日は大事な試合なので」と言いかけた言葉尻を捕まえ、大事とは誰にとって大事なのか説明してほしい、と詰め寄るのが聞こえてきたので、かたわらでおしゃべりをしていた私と娘は一瞬にして声をひそめ、目配せしながら聞き耳を立て、声を殺して笑ってしまいました。

それ以外にも、夫の大嫌いなものに、パーティーがあります。一般的にイギリス人は社交的で、たとえ犬猿の仲の相手であろうともパーティーを開くときには招待をする、と聞いていましたが、夫は自分が所属する団体のクリスマスパーティーに出席するかどうかで大揉めとなるのが恒例です。

単なる社交辞令として受けとめ、おとなしく出席すれば済むことだと思うのですが、毎年その時期が来ると、どういう理由で欠席するかという話題で私と娘を悩ませます。社交嫌いというわけでもなく、気の合う友人や知人とは一緒に出かけたり食事したり、うちに連れて来たりすることもあるのですが、どうも、パーティーという名目で「仕事の延長」をさせられるのが気に入らないようです。しかも、その費用を自分が払うというのがさらに癪に障る理由なのでしょう。それならばすんなりと断って欠席すれば良いものを、出席すべきかどうか思いあぐねて悶々と悩み続けるのですから、救いようがありません。

それからもうひとつ、夫が嫌いなのは外食です。

私は、材料から買い揃えて自分で食事の支度をするのが好きなので、外食をしたいと思うことは滅多にないのですが、それでもたまには息抜きをしたいと思うことはあります。昨晩家族でどこそこへ食べに行った、などという話を友人たちから聞かされる度に、娘はため息をつきながら、「うちではそんなのあり得ないよね」と言います。不思議なのは、夫は社員食堂には毎日のように通っていますし、友人や同僚と昼食や夕食を食べてくることもあるのですが、私や娘が、「今晩、インドカレーでも食べに行かない？」などともちかけると、面倒臭いだの、行きたくないだのと言い出します。理解に苦しみましたが、実はこれにも単純明快な理由がありました。彼は、ロンドン以外の街のレストランで出されるものは不味い、レストランに行くならロンドンに限る、と深く信じているようなのです。その証拠に、私と娘がロンドンに出て行ったときには彼のほうから、旨い処があるから夕飯を食べて帰ろう、と言い出しました。そして連れて行かれたのは、彼の職場近くの、イギリス人がGreasy spoonと呼ぶタイプのあまりパッとしない食堂でした。そこで彼は私たちに、「ここのオムレツはチーズが一番旨い、魚は避けたほうが無難だ」、などと独断と偏見に基づいた講釈をひとしきり垂れた後、「俺はいつものを頼む」と、お店の人に常連ぶって注文をしました。さて、味のほうはどうだったかとお尋ねですか？悪くはなかったと思います。お値段、サービスともに思いの外、良心的なお店でした。しかしこの日以来、うちの娘は、家族みんなで食事に行きたいとは、あまり言わなくなりました。

日本では、「なくて七癖」ということわざがありますが、これをイギリス人に例えると、「なくて七〇癖」くらいになるかもしれません。英語では、「Every man has his faults.」と言うのだそうです。

7. 価値ある古物

価値観とは、人によって異なるものであるのは言うまでもないことですが、所変わるところまでに変わってくるものだとは、予想もしないことでした。

あるとき、狭い我が家に2台あったチューナーのうち、収納場所を考慮して1台を処分してはどうか、という話になったことがありました。古いほうは、購入以来かれこれ8年ほど経っていたと思います。一方、新しいほうは1年ほどしか使っていませんでした。そこで、新しいほうを残して古いほうを処分すべきだと提案したら、異議を唱える人がいるでしょうか。それがいたのです。うちの夫です。夫の主張は次のとおりでした。新しいものはまだ1年ほどしか使っていない、従って、明日故障するかもしれないし、来年故障する可能性もある。それに対して、古いほうは8年間故障しなかったという事実がある。8年間使えたということは、今後も長く使える可能性が高いから、新しいほうを処分するのが妥当である。

そう言われてみると、なるほどとは思いました。だがしかし、これは消耗品ではないですか。それで、使ったら使った分だけ寿命は減ると思いますけど、と反論してみました。すると、いや、寿命というものは個々によって違うものだから、この新しいチューナーが古いものと同様に8年間使用に耐えうるとは限らない、人間と同じである、と返すのです。

そして夫は言葉通り、新しいチューナーを処分したのでした。これには驚きましたが、同様の考え方には後に何度もお目にかかることになりました。何しろ、イギリス人は古ければ古いものほど、ありがたがる傾向にあるようです。住まいにしろ、道具にしろ、全てそうなのです。日本だったら、即座に取り壊すようなボロボロの建物でも、何とかして修復しようと試みます。屋根が修復不可能だとしても、古い壁を取り壊さずに継ぎ足して新しい家を建てるというような、奇異な光景を見かけることはイギリスでは稀ではないようです。

最近、そういったイギリス人の古い建物への愛着とともに、理想の住まいの主となることへの憧憬が合体したようなテレビ番組があり、我が家でも大人気です。「The Restoration man」という名のその番組は、戦時中に使われた要塞や、水を貯蔵していた巨大なタンク、あるいは誰からも忘れ去られて雨ざらしになっているような建物を、志ある一般人が買い受け、自らの手で何年もかけて修復を重ねることで、見違えるような超モダンな住居やユニークな我が家を造りあげる過程を記録したドキュメンタリー番組なのです。

さて、イギリス人の古いものへの愛着は、あらゆるものに共通するように見える、と書きました。それは伝統や習慣をも含め、住まいや家具、衣類、生活用品全般にまで及ぶようです。ですので、骨董やガラクタに注ぐイギリス人の熱意には、いつも感心させられます。自宅の屋根裏で眠っている古い家財道具などを持ち出してきて鑑定してもらい、持ち主が仰け反るほどの価値があることを言い渡され、周囲から羨望のため息が洩れる、といった光景を繰り返すテレビ番組も昔から人気があるようです。

私がイギリスへ来たばかりの頃、今でも法廷弁護士や裁判官が白いカツラを着用している場面をテレビで見たときには、本当に驚きました。モーツァルトやハイドンが肖像画のなかで被っていたものと寸分違わぬ白いカツラではありませんか。こんなものを未だに被っているのはイギリスだけではないでしょうか。少なくともフランスでは、ルイ王朝の時代劇以外では見たことがありません。そもそも、昔カツラが流行した理由というのが、ノミやフケに悩まされ、頭髪を短く刈るケースが続出したことから、見た目を美しく飾り立てるために王侯貴族にもてはやされた習慣だった、というのですから、衛生も何もあったものではありません。しかも、カツラのせいで頭が蒸れて悪臭も相当強かったがために、香水が必需品になったらしいですから、そんなものを現代に至っても被るとはいかなる理由でありましょうか。

その答えは次のようなものです。法廷でこのようなカツラを着用する理由は、罪人を裁くのは法そのものであって、裁判官ら個人ではない。彼らの匿名性を高めるため、つまりカツラは法の権威を象徴している、というのがわが夫の意見です。

ひょっとするとイギリス人には、今現在あるものを変えずにそのままの状態で保っていこうとする習性があるために、時にそれを打ち破ろうとする大きなエネルギーを生み出すことがあるのかもしれません。イギリスのように、本来は保守的な社会背景のうちにミニスカートやビートルズが生まれたという事実は興味深いことですし、女性の参政権について世界に先駆けて運動を起こしたのも、やはりイギリスであると聞いています。

ところで、イギリス人の気質を四字熟語で言い表すとすると、何だと思いますか？　猪突猛進？　十人十色？　得手勝手？　どれも少しずつ当てはまるように思えます。しかし私が一番ぴったりだと感じるのは、「質実剛健」です。何故なら、彼らには素朴な温かみと飾り気のない性質があり、自分を偽らず、目的へ向かって真っ直ぐに進む強さ、そしてちょっと気の毒になるくらいの不器用さがあると思うからです。

現在私の住んでいる町は、イギリスではありきたりのごく普通の町ですが、ここでも人々はフレンドリーで気楽に声をかけてくれます。朝、ゴミを出しに玄関を開けると、通りすがりの見知らぬ人に「ハロー」と声をかけられたり、車を掃除していると「俺のも頼むよ」など冗談を言われたりすることも。また、同じ町に長年住んでいると顔見知りも増え、声をかけられたり立ち話をしたりすることもあります。

これまでに最も驚いたのは、車のタイヤを交換するため、車を業者に持って行ったときでした。カスタマー用の待合室で仕上がりを待っていたところ、全く見知らぬ男性が、「お宅、ブルーのルノーですよね？」と話しかけてきたので、飛び上がらんばかりに驚きました。さらに、「お住まいは○○通りでしょう？」と言うのです。これは何者かと気構えながら相手を見据えると、「車のナンバープレートでわかったんですよ。僕もあの近所に住んでいて、あなたが車から乗り降りするところを何度も見かけたものでね」と笑いながら言うではありませんか。ああ、ストーカーではなくて良かった、と胸をなでおろすとともに、こうして見かけたことをそのまま話しかけてくれるとは、とその率直さに感心し、嬉しくもありました。

そして、彼らの飾り気のなさは、外見にも表れているようです。日本とは異なり、イギリスで若い人がルイ・ヴィトンだのグッチだのを持っているのを見かけることはあまりありません。逆に、いかに安く自分の好きなものを手に入れたか、ということを自慢することがあるようです。したがって、お財布を買うために何万円も払った、などとイギリス人に言うと、仰天してしまうかもしれません。

イギリス人は一般的には決しておしゃれではありません。もちろん、おしゃれな人もたくさんいますが、他のヨーロピアンや日本人に較べると衣服にはあまりお金をかけないように見えます。お化粧をしている女性も日本に比較すると極端に少ないようです。

私の知り合いの若い女性はとてもおしゃれで、いつも彼女の装いに見とれてしまいます。それで、一体どこでそんな素敵な衣類を手に入れるのかと聞いてみると、街のチャリティショップだと言います。しかも得意そうに「このブラウス、3ポンドだったのよ」とにっこり笑うのです。

さらに、これは旅行で湖水地方へ行ったときのことですが、歴史ある広大なお屋敷を持つ人が自宅を開放して見物させている、というので入ってみました。ガイドさん曰く、ここのご当主はよく庭師と間違われる、皆さんも麦藁帽を被った話好きの老人に出会ったら、それがLord（貴族の称号のひとつ）○○さんだと心得てください、とのこと。さて、先祖や家族の肖像などが飾られた古めかしく広大なお屋敷を見学した後、庭園に出てみると、一角にワシやタカなどの猛禽類の住まいがあり、そこをせっせと掃き掃除している老人がいました。見るからに古いコートにツギを当てたものを着ています。何げなくその姿を見ていると、「屋敷の中はもうご覧になりましたかな？」と聞かれました。これはひょっとして、と気構え、「あなたはもしやLord ○○さんではありませんか？」と訊ねると、やはりそうでした。この上なく気さくなどこにでもいる老人、といった感じの方で、日本人の観光グループが見学に来

たときに歓迎のしるしとして館の歴史などについて話したこと、そのときたくさん質問をされて大変嬉しかったことなどを淡々と語っておられました。
　古いものへのイギリス人の執着は、彼らの特徴のひとつに数えられると思う、と先に書きました。それは、日本人がかつて経済急成長期に世界に示したブランド信仰に似通っているのかもしれません。何故なら、日本人がブランド品に寄せる信頼と安心感、高価なものイコール良いものと信じる図式は、イギリス人が長年使われてきたものを信頼し、歴史あるものに価値を見出しながらそれをいつまでも持っていよう、使っていこうとするのと、ひょっとして同じ発想なのではないかと思うからです。

8. 冠婚葬祭は教会で

私はケント州のある村の教会にて、オルガン奏者をしています。仕事は、日曜礼拝やその他の礼拝、結婚式や葬式、洗礼式などのときにオルガンを弾くことです。

先日も教会では幼児の洗礼式があり、洗礼を受ける子供とその両親はもちろんのこと、親戚が全員正装して勢ぞろいし、普段はガランと空いている教会堂が多くの人で埋まりました。聞くところによりますと、わざわざアメリカ合衆国から駆けつけた親戚もいたそうで、赤ん坊の洗礼とは言いながら人生の儀式を大事にするお国柄が見えました。

この日の洗礼式のように、人生の大事がある暁には、一族郎党が集まり、祝いや弔いを営みます。昨今は日本でもそうかもしれませんが、ここイギリスでも宗教離れは顕著です。特に、都会での生活は忙しすぎて、日曜だからといって半日つぶして教会へ出かける家族はめっきり少なくなってきました。

私がオルガン奏者を務めているこの教会でも、普段の日曜の礼拝参列者が20名に満たないこともあるほどです。そして、常連の参列者はその多くが年配の方々です。その人たちがひとり、またひとり、と減っていくのを見ると、とても淋しく感じます。それでも、粛々と教会の務めを執り行う様子は厳粛そのものです。

礼拝や式典の無い普段でも、教会堂はいつでも誰でも入れるようにドアが開いているものの、歴史あるステンドグラスや彫刻がひっそりと誰にも見られずに存在します。

ヨーロッパの教会堂は、天から見下ろすと十字架の形をしていることはご存じでしょうか。教会堂は概ね東を向いて建てられており（つまり入り口は反対の西側、十字架の下方部分に位置します）、このことをフランス語では「église orientée」と言うそうです。その意味は、東から日が昇るため、東（Orient）が光の源でありキリスト復活のシンボルでもあるからだそうですが、フランスでは、エルサレムが東の方角にあるためだという説も聞きました。

実際に地図を見てみますと、確かにイスラエルと同じ方角、それは厳密にはイギリスから南東に当たるのですが、そのためかこの教会堂もやはり南東を向いています。そして、これはほとんどのイギリスの大聖堂に当てはまる事実のようです。私の通う教会も、入って一番奥の最も大きなステンドグラスが南東に面しており、早朝には祭壇に神々しい光が差し込みます。ここにはかつて、英国国教会の総本山であるカンタベリー大聖堂で暗殺された当時のカンタベリー大司教、トーマス・ベケットの遺体が一時的に彼の弟子たちによって隠されていたという噂があり、そのためか時折大型の観光バスが乗りつけ、何十人もの訪問者が押し寄せることも。

さらに、ここはそのカンタベリー大聖堂に地理的に近いため、巡礼のルートに入っており、かつては大聖堂へたどり着く前の最後の晩を過ごす地であったようです。ですから、今でも徒歩でカンタベリーを目指す集団がやって来ては教会堂を一晩借りきり、中で夜を過ごしたのち、翌朝大聖堂に向けて発って行くことがあります。

イギリスでは毎年11月に、「Remembrance Day」という日があります。これまでに戦死したすべての人を思い出し、追悼する日なのですが、この日の礼拝は、村の教会でも２００名近くの参列者が集まります。一般の人たちとともに、近隣地域の警察や消防団、軍隊、政治家や地方自治体の責任者たちが全員、制服や正装で出席。胸には、必ず赤いけしの花が飾られています。この、けしの花の由来については、次のように聞いています。第一次世界大戦後、多くの戦死者や戦傷者が出たベルギーの戦場の跡地は、度重なる戦いによってひどく荒廃していました。ところが、そんな土地にあるときけしの花が鮮やかに咲いたのだそうです。そして、それを見て胸を打たれたある軍医が、詩を詠んだということです。彼の詩、「In

Flanders Field」には、戦死者のために立てられた白い十字架の列の隙間にたなびく赤いけしの花が描写されています。やがて、けしの花は戦死者のシンボルとしてイギリス全土に広まりました。以来、Remembrance Dayには、彼らの弔いのためにけしの花で作られた花輪が供えられるようになり、戦死者の家族や戦傷者のための募金運動が始まります。日本にとっては戦争は遠い過去のことですが、イギリスは第二次大戦後もフォークランド紛争や湾岸戦争、アフガニスタン紛争、と最近までいくつもの戦争を経験してきました。ですので、今でも戦争未亡人や、父親や母親を戦争で亡くした子供や、体が不自由になった軍人さんたちが大勢いますから、彼らの喪失を悼み、労わる目的もあるのです。

12月には、ご存知のとおりクリスマスがあります。言うまでもなくクリスマスはキリストの生誕を祝う行事です。イギリスではやや商業化してしまったこの祝日は、一見するとプレゼントの交換やパーティー、家族の団欒やご馳走などで終始してしまいがちのようですが、本来のクリスマスのスピリットはまだ健在です。

もともとチャリティの盛んなイギリスのこと、この行事のためにありとあらゆる義援金が募られます。ホームレスや恵まれない子供たち、窮乏生活を強いられているお年寄り、捨てられた犬猫、シリアなどの戦争難民、飢饉や旱魃に苦しむ国々の人たちへ。そして人々は寛大にそれに答えます。チャリティバザーやチャリティコンサートが盛んに行われるのもこの時期です。教会の聖歌隊はクリスマスキャロルを歌い、礼拝には、この日のために里帰りして一同集まった家族連れが訪れます。

我が家は、集まる一族郎党もいないので、家族3人で自宅で過ごすのが恒例です。何しろ夫のジョージは一人っ子のうえ、すでに両親を亡くしており、たった一人残っていた父方の叔父も昨年亡くなってしまったので天涯孤独の身の上です。したがって、私たちには訪ねるべき親戚もおらず、ちょっと寂しい気もしますが、その半面、気楽にクリスマスを過ごせるのも良いものかもしれないと思っています。聞くところによりますと、親類の多い大家族だと買うべき贈り物の数も膨大で、私の友人には、毎年100個を超えるプレゼントを買い揃えなければいけない、と嘆く人もいます。

3月あるいは4月には復活祭がありますが、これは移動祝日のため、毎年同じ日にはなりません。復活祭は、キリストの死を悼み、その3日後の復活を祝う行事で、教会では古事に倣って連日特別な礼拝が行われます。

まず、復活祭直前の木曜日を聖木曜日（Maundy Thursday）と呼び、この日は受難の前、キリストと使徒の最後の晩餐を記念する日で、夕刻に聖餐の礼拝が行われます。翌日が聖金曜日（Good Friday）と呼ばれ、これはキリストの受難と死を記念して行われる祈りの日で、聖餐は無くヨハネの福音書の受難の部分を朗読するようです。そして復活祭の当日（Easter

Sunday）はキリストの復活を祝う重要な祝日で、クリスマスと同様に教会には大勢の家族連れが訪れ、盛大な礼拝が行われます。

通常、礼拝の後には「voluntary」と呼ばれるオルガン演奏があるのですが、こういった大事な日のためには、事前に相応しい曲を選択し、本番に備えます。その他、Remembrance Dayには必ず国歌の演奏をするしきたりになっているようです。さて、イギリスの国歌と言えば「God save the Queen」ですが、実はこれ以外にも国歌と呼ばれるものがあります。通常、英国と呼ばれるこの国は、イングランド、スコットランド、ウェールズ、北アイルランドの集合体ですので、イングランドにはイングランドの国歌あるいは聖歌があるのです。

巷でイングランドの国歌のナンバーワンと言われるものは、「Jerusalem」（エルサレム）と呼ばれる歌です。イングランドの国歌が何故エルサレム？とお思いですか。

エルサレムは言うまでもなくイスラエルの首都でイエス・キリスト生誕の地。したがって、クリスチャンにとっては聖なる地です。この歌の題名は正式には、「And did those feet in ancient time」というそうですが、これが歌の出だしの部分になっています。このフレーズには深遠な意味があり、遥か昔、イエス・キリストがイギリスの地を踏んだという言い伝えを暗示するそうです。そして、「I will not cease from mental fight, Nor shall my sword sleep in my hand, Till we have built Jerusalem, In Englands green & pleasant Land.」と締めくくられます。人々が誇りに思う美しい国イングランドに、エルサレムを建てるまでは、私たちは休むことを知りません、という意味合いで、祖国への愛を謳った詩です。

そして、この歌は教会での結婚式や葬式のみならず、国民的行事である公の式典や大きなスポーツイベント、ウィリアム王子とキャサリン妃の結婚式でも演奏斉唱され、イギリス人に最も愛されている国歌と言えるのではないでしょうか。

さて、復活祭が終わると夏の行事の計画です。サマー・バンクホリデーにフラワーフェスティバル、あるいはオープンデーと称して、カフェあり、花あり、音楽ありのイベントが催されます。花屋さんが美しい花を生けてちょっとおめかしした教会堂では、ホームメードのケーキやクッキーを持ち寄りお茶の用意をして、一休みする訪問者に聖歌隊やオルガンの演奏を聴いてもらいます。

人々が好んで結婚式を挙げるのも、初夏から初秋にかけてです。最近では、市のレジスターオフィスというところへ結婚の登録をして結婚式を済ませる人たちも多いと聞きますが、普段はあまり教会へ顔を出さなくとも結婚式は教会で挙げることを選択する人々もいるようです。希望すれば誰でも教会で結婚式を挙げられるというわけではありませんが、常連の信者以外は駄目となると、大概の人が教会での結婚式を断念することになります。ですので、教会側も多少の譲歩をして、少なくとも2人のどちらかは幼児洗礼を受けていること、結婚式までに最低3回は日曜礼拝に出席すること、両親あるいは祖父母のどちらかがその教会の信者であることなど、条件をいくつかクリアすれば、その教会で結婚式を挙げることができるよう配慮しています。

私たちの結婚式は、はるか昔のことではありますが、ちょうどフランスから引っ越してきた直後でしたので、難問を突きつけられることもなく、ジョージが幼児洗礼を受けていたという事実のみで、近所の教会で結婚式を挙げることができました。

場所は、サセックス州のホーブという当時私たちが住んでいた町の、セント・パトリック教会というところです。本番の1週間ほど前にリハーサルがあり、式の進行について牧師から説明を聞きました。花嫁の入場、両人が「Altar」と呼ばれる祭壇の前に並び、牧師の誘導で誓いの言葉を述べます。そして指輪の交換をし、牧師を通して祈りを捧げ、結婚の祝福を受け、両人と証人が結婚証明書に署名をして終了です。

結婚式の際に演奏される曲目は、大概はワーグナーとメンデルスゾーンの結婚行進曲ですが、時には趣向の違ったもの、例えば、ロイヤルウェディングで演奏された曲などを希望するカップルもいます。オルガンの生演奏とともに退場する彼らを取り巻くようにゲストが群がり、外へ出たとたんにベルが鳴り渡る場面が、最高潮の盛り上がりとなります。

9. 権利の主張と義務の遂行

日本人とイギリス人の比較のなかで、際立って違う部分は何でしょうか。同じ島国であり、狭い国土にひしめき合うように暮らしている他、性格的に控えめで礼儀や倫理感を大切にするなど、共通点も多いはずなのですが、どこかが決定的に違うように思えます。それは権利の主張ではないでしょうか。

しばしば、「きゅうりを買うにも権利を主張する国民」とまで形容される彼らは、実際それにもとらぬほど、己の権利を主張して譲らないのです。

例えば、イギリス人は物事が公平に行われているかどうかについてとても敏感で、自分が不当な扱いを受けたと感じたなら、その立場や地位の如何に関わらず間違いなくその不公平さについて申し出るでしょう。日本人なら、摩擦や反動が起きるのを恐れて何もしないような場合でも、彼らは必ず自己主張をします。そしてイギリスでは、自己主張ができるということは利点であると考えられています。日本で控え目で謙譲でいることが奥ゆかしいと評価されたり、好ましく思われたりするのと全く正反対なのです。

イギリスで、何らかの問題に直面した場合、通常は手紙での通信となるようです。以前、こういう経験をしたことがありました。

子供が小さかったため、乳母車を押しながら外出した際、路線バスを利用しました。下車のとき、通常は運転手がステップを地面すれすれまで下げる操作をしてくれるので、段差を気にせず下車できるはずなのですが、この日は運転手が操作をうっかり忘れていたのでしょう、バランスを崩し、乳母車ごと前のめりに転倒してしまいました。バスを待っていた人だかりから、一斉に「おおっ」という声が聞こえ、そのうちの何人かが走りよって来て助け起こしてくれました。そのとき、「ステップを下げなきゃ駄目じゃないか」、「子供は大丈夫？泣いていないけど頭でも打ったんじゃないの？」などという声が聞こえ、実際、運転手に食って掛かる人もいました。幸い、私も子供も怪我も無く無事だったので、人々にお礼を言ってその場を去りました。

帰宅後、バス会社に事情を説明しておくべきだと思い、受話器を取りました。応対に出た案内係らしい若い女性から乗客サービス係へと回され、そこで今朝起こったことを簡単に説明したところ、相手の返事はけんもほろろ、電話では応対できかねるので事情を書面にして送ってほしい、といともそっけなく言うのです。それで、なぜ電話では取り合ってもらえないのかと尋ねたところ、まず、どこの誰がかけているのかわからない、さらに、電話でのやり取りでは証拠が残らないため、あのときああ言った、いやこう言った、という議論になりかねない、というのです。なるほど、と一旦は納得したような気になって電話を切ったのですが、しばらくは腹の虫が収まりませんでした。そして後に、苦情の言い方ひとつにも、イギリスにはイギリスの常識や流儀があるのだということを理解するまでには、もう少々時間がかかったのです。

昔から侵略や占領に慣れているこの国では、相手に言い負かされないための能力も培ってきたに違いありません。同じ島国とは言え、今の日本のように、摩擦やしこりが残るのを恐れるあまり、言いたいことも我慢するというのと、何たる違いでしょうか。

それに、昨今では電子メールという、便利で敏捷な方法がありますが、そのころは手紙を投函する以外、証拠として残すことができる通信方法など無かったのです。したがって、苦情ひとつ述べるにも、相当の体力と時間、尚且つ忍耐力も必要でした。

のみならず、手紙の書き方ひとつで相手の対応が違ってくることもある、ということを知ったときは正直、驚愕しました。日本では、仮に同じ内容の苦情が来たとして、その対応に差異が出るなどとは、考えられないことでしょう。しかし、ここイギリスでは、苦情申し立てには先述のように、いかに相手が納得する論理を展開できるかが決め手となるようです。言うべきことを的確に、かつ相手が理解できるように書く技量と、そのための知識、さらに相手に反論の余地を与えない周到さや計算も必要です。それができなければ、苦情の申し立てをしても良い対応はしてもらえないのです。

これは、慣れてくるとなかなか楽しいゲームになりうることに気が付きました。うまく相手の隙を突くには冷静さや注意力を欠いてはならないし、感情的になりすぎて怒りに任せると論理や説得力に欠いたりして、碌なことはありません。

しかし、流暢で正しい英語を書くのは、少なくとも私個人にとっては容易なことではないですし、イギリス人にしても、正しい英語を操る人は意外に少ないのかもしれません。その証拠に、これまで文法やスペルが滅茶苦茶な英語を書くイギリス人には何度もお目にかかりました（それでも、彼らの英語は意味が通じるのです）。何しろこの国では、英語の話し方や書き方によって、その人物の背景を言い当てることができる、とまで言われているのです。

さて、権利の主張について、まだまだ私は修行が足りないと思い知らされたことが最近ありました。それは道路を横断するときです。

イギリスでは基本的に車も歩行者も対等であり、日本のように歩行者優先ではありません。

それを知っているから、ということではないのですが、信号の無い横断歩道などを渡るとき、私はつい小走りになってしまうのです。特に歩行者が自分だけの場合には、わざわざ私のために一旦停止した車に申し訳ないような気になり、急いで渡るのですが、私の娘はそれを横目に見ながら「走らなくていいのに、みっともないからやめて」などとつぶやいていました。そう言われた私は、それを単に若い人が服装や外見を気にするのと同じように体裁を気にしてのことだと思い込んで、「いいから気にしないで」と彼女の言葉を無視していました。

ところが、気心の知れたイギリス人の同僚と一緒に出かけたときのことです。2人で歩いているところへ右折して進入してきた車があったため、思わずいつもの癖で歩道まで急いだ私。そこへ、「優先順位は私たちにあるのだから走る必要は無いの、堂々と歩きなさいよ」と彼女に言われて、やっと娘が言わんとしていたことの意味を理解しました。すでに道路上に居た私たちが優先なので、車は歩行者が渡り終えるまで待つのが当然、ということなのでした。道路法規や優先順位について頭で理解していても、なかなか抜けない日本人の癖ですが、今後はもっとイギリス人に見習わなければ、と思いました。郷に入っては郷に従え、「When in Rome, do as the Romans do」ですね。

さて、権利の主張には慣れているイギリス人ですが、義務の遂行についてはどうでしょうか。例えば納税の義務。脱税はどこの国でもあるのでしょうが、時々地方ニュースや新聞ダネになるのが市民税不払いのため有罪判決を受けるお年寄りです。市民税だけではなく、電気代やガス代の支払いをめぐって裁判になるケースが後を絶たないそうです。それのみか、先日、面白い新聞記事を見つけました。

あるお店に買い物に来た人が店内で20ポンド札を落としたとのこと。支払いをしようとして、あったはずの20ポンドが無いことに気づき、お店の人にそのことを告げて店内くまなく探したけれど、お金は見つからなかったそうです。それでもこの人は間違いなくお金をそこで落としたと主張し続けるので、店内に設置された監視カメラを見てみることにしました。すると、このお店の常連客の別の女性が、床に落ちていた20ポンド札を自分のポケットに入れる様子がくっきりと映っていたそうです。ご存知のように、店内に落ちているお金は拾った人のものではなく、そのお店の持ち物になります（それを、落とした人に返すかどうかはお店の裁断に任されるのでしょうが）。それで、このお店は警察に通報して事情を説明することにしました。結果、20ポンドをネコババした女性は窃盗罪で送検されることになったのですが、それに対して、大きな反響があったとのことです。その主な内容は、前科者の烙印を押された女性への同情と警察当局への強い苦情です。中には、お金を落とした人を非難する声まであったそうです。これなどは、イギリスの世論ならではの反応のように感じました。

それにしても、もしもその場に行き合わせたのが自分だったらその20ポンド札をどうしたか、と考えてみるのも面白いですね。

さて、もうひとつの市民の義務、ゴミの出し方はどうでしょう。日本では、特定の日と時間にきちんと分別してゴミを出すことが義務づけられており、それを守っている人や班が多いのに吃驚しました。そもそも、イギリスでは隣近所同士の連帯感はほとんどありません。それに、イギリスの市役所が市民に対して、日本と同様のゴミの出し方を要求したとしたら、市の職員は市民から殺到する苦情の対応に四苦八苦し、責任者の進退問題にまで発展しかねません。

なぜなら、彼らは束縛されるのを嫌い、自分の思い通りに物事をやりたがるからです。チームワークに弱く、一人ひとりが独自の意見を持ち個性を尊ぶので、まとまりが全くありません。さらに、人から指図されたり示唆されたりすることも、干渉と受け止め反発を示すことがあります。そして、規則がきちんと守られなくてもそれに対して寛容であり、大らかなのです。

ですので、イギリス人の顔見知りができたら、親しくなるまでは相手の生活や習慣には一切口を挟まず、没交渉でいることが大事だと思います。親切心から、今日は雨が降るかもしれないから傘を持っていったほうが良いですよ、などとうっかり言うと、「None of your business」と言わんばかりの邪険な反応を示されるかもしれません。私もそれで嫌な思いをした経験が何度かありました。もちろん、時には例外的人物もいますが、人柄を見極めるまでは、相手の領域に踏み込むことは差し控えたほうが無難でしょう。触らぬ神に祟りなし、「Let sleeping dogs lie」です。

10. 国際結婚について

日本の若い女の子たちから国際結婚について聞かれることがありますが、その中で最も多い質問は、「どうしたら国際結婚ができますか?」というものです。

これにはいつも一瞬何と答えるべきかと、苦慮します。まるで、結婚そのものが目的で、相手になる人は誰でも良いかのような印象を与えられるからです。しかし彼女たちにしてみれば決してそうではなく、結婚はしたいけど、相手が外国人だったら尚良いかもしれない、という程度の願望なのだと思います。

日本人の西欧憧憬は長い鎖国の後、明治時代に始まったことなのでしょうが、第二次世界大戦の敗戦によりその度合いが高まったのかもしれません。

私のいとこに28歳になる娘がいますが、彼女は外国が大好きでついには海外旅行を企画する旅行会社に就職しました。彼女の父親や祖父は、「国際結婚だけは許さない」とか「今はヨーロッパは危ないから行ってはならない」などと、機会あるごとに彼女に釘をさしているそうです。そんな家族の心配をよそに、彼女は毎年いそいそと海外に出掛けていき、昨年はカナダで3ヶ月のホームステイをし、今年は友達とハワイへ行くそうです。

周りを見回すと、確かに国際結婚をしている日本人は圧倒的に女性に多く、それに引き換え外国人の奥さんを持つ日本人男性がごく少数なのは面白い現象ですね。その理由については、私個人の偏見に過ぎませんが、まず、男性より女性のほうが適応能力が高いこと、さらに、日本女性には、男性を立てて一歩下がるという、男性にとっては好都合な女性が多いこと、などが挙げられると思うのですが、詳しくは専門家に分析をお任せすることにしまして、ここでは国際結婚をしている日本人女性について見てみましょう。

まず、私の周りには多彩なインターナショナルカップルがいます。イギリス人のご主人を持っている方の他、フランス人、イタリア人、ポーランド人、フィンランド人、アメリカ人など多種多様。そして、イギリスで生活する理由も、仕事のため、転勤のため、育児のため、なりゆきで、と様々です。

ケント州には、国際結婚をしている人同士の交流会のようなものがあり、私もかつて参加してみたことがありますが、これは昼食持ち寄りパーティーといった趣で、仕事をしている私はあまり頻繁に参加することができず、自然と足が遠のいてしまいました。

さて、何年かの結婚生活の後、離婚や帰国の道を選ぶ女性も多くいらっしゃるように思います。私はイギリスへ来て29年ほどですが、その間にお会いした人たちのうち、今でもイギリスに留まり結婚生活を続けている方の割合は、半分に満たないかもしれません。この確率は日本国内での別居や離婚率と比較しますと非常に高いのではないでしょうか。

思えば結婚とは、全く違った人生を歩んできた2人の人間がある日を境に一緒に暮らすようになることですから、長い年月の間には当然仲たがいもするでしょうし、価値観や考え方が違ってきたり、相手に対する気持ちが変わってきたりしても、不思議はありません。国際結婚の場合はそこへさらに文化の違いが加わるのですから、尚更複雑になるのでしょう。

お互いの両親に結婚の報告をしたとき、私の父がポツリと言ったことを今でも憶えています。「育ちや環境の違いに加えて、文化の違いを乗り越えて2人が一緒にやっていくことに、大きな憂慮を感じている」。

あれから29年、今では口うるさく頑固で干からびた沢庵のような古女房になってしまった私に、今でも付き合ってくれる夫には、大いに感謝すべきかもしれません。もっとも、彼は彼で、食事の支度やその他の家事を全て私に託した上、老後の世話もしてもらおうという下心があるのかもしれませんから、これはお互い様とでも言うべきでしょうか。

国際結婚では、夫や義理の家族との不和が別居や離婚の原因となる以外に、若いころには考えの及ばなかった問題が浮上することもあるようです。親の老齢化もそのひとつです。私の両親はまだどちらも健在ですが、彼らの病気や怪我のため、イギリスからはるばる看病をしに日本に一時帰国しなければならなかったこともありますし、知り合いのなかには親の面倒を見るために夫や独立した子供をイギリスに残して、日本に帰国せざるを得なかった女性のケースもあります。

毎回、日本とイギリスを往復するたびに思うことですが、いくら便利になった、近くなったとは言え、やはり日本は遠いと思う気持ちを打ち消すことはできません。何しろイギリスと日本の物理的距離が縮まることは恒久的に無いのですから。

この二国間の距離は文化の違いの度合いでもあると思います。偶然にも、イギリスと日本はお互いから見て、地球のほぼ裏側に位置しています。それは、対極する2つの異なる文化であると言えるのではないでしょうか。そう考えますと、いかに両国の文化が違っているのかが納得できます。このとてつもなく大きな違いは一生かかっても学びきれるものではありません。これまで、イギリスについてそれは多くの方が書かれて、中には著名な大学教授、学者や作家の方々もおられますし、素晴らしいエッセイを残された方も沢山いらっしゃいます。しかし、文化にはあまりに多くの様相があり、それらは時とともに逐次変容していきますから、イギリスについて真実を知る、というのは至難の業と言えそうです。

ここで、わが家の娘について書いてみようと思います。娘はイギリスで生まれて以来、日本に住んだことがありません。それで、日本語は話せるのですが、読み書きが覚束なく、特に漢字が苦手です。幼少の頃は家庭で平仮名や片仮名、簡単な漢字を教え、国語のドリルなどもやっていましたので、特に日本の子供たちに較べて日本語が遅れている印象はありませんでした。しかしながら、娘が就学年齢になり、こちらの小学校に行き始めたとき、同学年の子供たちが英語を流暢に話すのを耳にし、内心ショックを受けました。娘はその頃はまだ、ほとんど英語を話せなかったからです。幼稚園で耳にした英単語を私に教えようと、「お庭のことは、ガーデンっていうの」と、彼女なりに違う言語の存在を察知していたようですが、限られた単語しか知らず、文章を話すことなど皆無でした。私は、家庭では娘に英語を話すつもりも教えるつもりも毛頭ありませんでした。自分のおかしな発音や、間違いだらけの英語をそのまま真似て身に付けられては困る、と思ったからです。そのために、娘は学校の英語学習では人並み以上に苦労したようです。

イギリスの小学校では通常、児童は週に2度は教員の前で本を音読させられます。その読本は子供の能力に合わせてレベル別に分けられている本棚から、各自が自由に選択。上達すると次のレベルに進むことが許されるのです。そして、家庭でも親と一緒に音読させることを学校が奨励しているので、教育熱心な家庭の子供たちは、うっとりするほど流暢に読み上げることができます。それに引き換えうちの娘は、必死に指で文字を追いかけて何度も止まりながら読んでいました。

そんな娘がいつの間にか他の子供たちのレベルに追いついて来たように感じたのは、小学校の高学年になった頃でした。時々、私の知らない単語や綴りを使っていることに気づいたのです。そしてその頃になると、娘にとっては日本の国語の教科書を読むのが苦痛になってしまい、後に古典や漢文が加わり、難しい熟語が増えると、日本語学習はほとんど絶望的になってしまいました。

中学校に進むと､娘の英語と日本語のレベルの落差がさらに顕著になりました。それでも、その頃はまだ、私の英語力でも文法を教えることができましたが、それも長くは続きませんでした。そのうち、親の私が子供に英語の手直しをしてもらうようになったのです。娘曰く、「この文章、ちょっとひどいね。もっと勉強しないと駄目でしょ」だそうで、私はまさかそれほどひどくはないはずなのに、と憤慨していました。

そのうち、娘は私の英語の誤りの中から、滑稽で笑いの種になるようなものをクラスメートたちに披露するようになりました。のみならず、私のおかしな語録を作成し、フェイスブックやツイッターなどに投稿したら、それがどんなに受けたかということを、笑いながら教えてくれるようになったのです。こうなると親の威厳も面目も丸潰れです。しかし悲しいかな、まことに腹立たしく悔しいことですが、今でも私の語録は増すばかりです。

その娘が、日本に行く度に気になることがある、と言います。それは、片仮名やアルファベットで書かれた外国語が氾濫していることです。最近、フェイスブックで、◯◯をゲットした、という表現がやたら目につくことに気づき、何故、「手に入れる」とか、「買う」では駄目なの？と聞きます。

一方、私はと言えば、日本の若い人たちの使う、ら抜き言葉が気になって仕方がありません。このままでは、ら抜きが正しい日本語になってしまうのでは、と不安に感じていたのですが、あるとき知らず知らずのうちに、「◯◯が食べれると良いね」などと言っている自分に気づき、愕然としました。慣れとは恐ろしいものですね。

ところが、イギリス人に言わせると、ここイギリスでも言語の誤った使用や乱れが氾濫している、とのこと。4〜5年ほど前ですが、coolという言葉が若い世代で大流行し、何にでも「That's cool!」と言っている若者たちを見かけました。最近では、「Is you?」とか「Was you?」などと言うのを頻繁に耳にします。携帯電話で送る文章も、「OTT」(Over The Top)とか、「Wait 4U (Wait for you)」とか、知らない人には解読不可能です。一体、正しい英語は将来どうなってしまうのでしょうか。

イギリスで最も正しい英語は、一般には、女王陛下の英語（Queen's English）あるいはBBCの英語と言われているようです。確かにどちらも発音がはっきりとしていて聞き取りやすいものです。逆に、外国人にとって聞き取りにくい英語には大別すると2通りあると思います。それは、アクセントの強い英語と小学校低学年くらいまでの子供の英語です。前者の代表選手は、スコットランド訛りやインド訛りなどでしょう。私は電話でこの種の相手に出くわすと、夫や娘にバトンタッチしたくなるのですが、時には彼らでも手に負えない「つわもの」もいるようです。それに較べると子供の場合は、質問を変えながら聞き出せば大概は判明しますから、まだ扱いやすいと言えるでしょう。

11．親も勉強しなさい

娘が小学校3年生に進級してまもなくの頃、学校から保護者宛の手紙を貰って帰宅しました。通常イギリスの小学校では、学校から保護者に連絡事項があるときには、担任の先生がクラスの児童全員に帰宅直前にプリントを手渡すのが恒例のようです。この日娘が貰ってきたのは、保護者のための講習会のお知らせでした。学校側の説明によりますと、現在の教育システムは大きく変わってきているため、子供の学習を家庭でサポートしてあげられるように、親も現行の学校教育の内容を把握しているべきとのこと。それで、親のための講習会を無償で提供したいので、参加を希望する保護者を募るということでした。

「Keep up with Children」と題されたその講習会では、主に英語と算数の授業で児童がどのようなことを教わるのかを学年を追って教えてくれるそうです。イギリスの学校の内情について想像をたくましくするばかりだった私は、願っても無いチャンスと、すぐに参加申し込みをしました。実は、娘が小学校に入学して以来、内部を見たいという好奇心に駆られ、何かと口実を設けては娘のクラスにすでに何度か出入りしていたのです。それで担任の先生とも顔なじみになり、折り紙をはじめ日本の紹介を頼まれたこともありました。

さて、その講習会の第1回、意外にも参加者のほとんどはネイティブの母親たちばかりで、外国人としては私以外にはゴンボという名前のネパール人の父親がいるだけでした。これには少々怖気づきました。何しろ、予想に反して参加者はイギリス人の教育熱心な保護者ばかり、英語の能力では私とは比較にならないと思ったからです。当時、この小学校の在校生で、日本人はうちの娘ひとりだけでしたが、少なくとも中国人やスーダン人など外国人の児童は10名以上いたはずです。それで、彼らの親たちがみんな参加するに違いないと思い込んでいたのですが、全く予想外のことに、参加希望を出したことを後悔してしまいました。しかし、私の気後れを読み取ったかのように、講師の女性はゴンボと私を最前列に座らせて、私たちがきちんと理解できたかどうか何度も確認しながら話を進めていきました。

彼女のおかげで私もゴンボも落ちこぼれることなく第1回の講習を終えることができました。後にわかったことですが、ここ20年ほど、イギリスでは「Inclusive」と呼ばれる教育方針が徹底しています。それは何らかの特別な支援の必要な児童生徒を、健常児と分け隔てて教育するのではなく、彼らを包含して、お互いが相手と自分の違いを尊重しながら共に学んでゆく、という方針です。そのため、イギリスの教員たちは自分の学校やクラスにいかなる障害や弊害を持つ児童生徒が配置されても、きちんと全員に対応できることが義務づけられています。その範疇には、肉体的障害や知的障害のみならず、英語の不自由な子供や家庭に恵まれない子供、発達障害の子供なども含まれます。そのため、この講習会に講師として招かれた女性教員にとって、多少英語が不自由な私やゴンボの扱いはそれほど難しいものではなかったのかもしれません。

さて、英語のための講習会では、文字さえ読めない小さな子供たちがどのように発音を身につけ、アルファベットを学ぶに至るのか、そしてどのように読み書きを習得していくのかを、仔細に教えてくれました。さらに、初学年から最終学年までに習う語彙や文法の学習、児童が授業で実習する詩歌や文節の発表など、まさに盛りだくさんの内容で、楽しく有意義な時間を過ごさせてもらいました。そして週1回の講習は半年ほど続き、終了の日には賞状まで用意されていたのです。

続いて、今度は算数のための講習会が同様に企画されたのですが、先の講習で自信をつけ調子付いた私は、計算ではイギリス人に負けるはずはない、と張り切って参加しました。ゴンボも同じように感じたのかどうかわかりませんが引き続き参加していたので、私たちは再び机を並べて学ぶことになりました。

今でこそ、ケント州ではネパール人の家族を多く見かけますが、その頃はまだ彼らは稀な存在でした。ここで、ゴンボから聞いた話、ネパール人とイギリスとの関わりを簡単に説明させていただきますと、イギリス陸軍には昔からグルカ兵と呼ばれる、ネパールの山岳民族による外人部隊が存在したのだそうです。小柄な体型を活用し勇猛かつ敏捷な彼らの部隊は、非常に重宝がられたのだとか。そして２００４年、ブレア首相によって市民権を得て以来、退役したグルカ兵とその家族が次々とイギリスで暮らすようになったということです。もともとグルカ兵の駐屯地がケント州にあるために、このあたりは特にネパール人が多いとのこと。とは申しましても、私がゴンボや彼の家族に初めて会ったのは、グルカ兵が市民権を獲得するよりさらに以前のことでしたので、彼ら以外にはネパール人は見かけませんでしたし、私は私でこの学校では唯一の日本人の保護者でしたから、子供の送り迎えの際にお互いを見かけると、アジア人同士の親近感から自然と挨拶や立ち話をするようになりました。ゴンボも彼の奥さんも慎ましやかながら親切で礼儀正しく、さすがに軍人さんの一家だと感心させられました。彼は後に退役グルカ兵部隊の書記長をやるようになったと聞いています。

さて、週1回の算数の講習会も英語と同様に半年続き、会話のテンポの速いイギリス人の母親たちについていくのは骨が折れましたが、それでも、イギリス流の九九の記憶法を習ったり、日本とは異なる計算方法を教わったりと面白い発見が多かったですし、何よりも、子供をサポートしてあげられるように勉強しなさい、と学習の機会を与えてくれるとは何と寛大な国なのかと、イギリスの豊かさにすっかり感心してしまいました。そして、その後はイギリスの教育についてもっと深く知りたいと思うようになりました。

調べてみると、そのための成人向け講習会が何種類もあるようです。しかも、無料のものも少なからず見つかり、近所のカレッジで補助教員資格取得コースというのを開催しているのを発見したので、参加してみることにしました。

補助教員（Teaching Assistant）とは、担任教員以外に通常は1クラスに2〜3人配置されており、様々な役割を担っています。例えば、少人数のグループ学習や一対一の学習、担任の代行などです。その他、採点や評価、読み聞かせ、授業に必要な文具資材の用意や補充なども行い、イギリスの学校教育の底力として大変貴重な存在です。また、イギリスの小学校を見学するチャンスのあった方は、教室や廊下の壁面や天井など、あらゆるスペースを活用して子供たちの作品や写真が、楽しく美しく飾られているのを見かけたことでしょう。これも多忙なクラス担任に替わって補助教員が行うことが多く、さらに体調不良者の世話や、幼少のクラスでは着替えの手伝いや身の回り全般の世話もします。

この補助教員コースは1年間続き、これには講義とともに教育実習も組み込まれていました。私には、折り紙や音楽、日本語などを教えられるという利点がありましたので、学校側も喜んで受け入れてくれたように思います。時には、子供たちが早口で何を言っているのか全く理解できないこともありましたが、どうにか乗り切りました。何よりも大きな励みとなったのは、子供たちの嬉しそうな顔と担任教員や他のスタッフの感謝と労いの言葉でした。折り紙で作った腕時計を披露したときは、担任ともどもみんなが眼を見開いて、作り方を教えてとせがんできました。これでは、こちらも張り切らざるを得ません。

さて、こうして何年かかけてイギリスの初等教育がおぼろげに理解できるようになりました。そのうち、日本との大きな相違が感じられた点はいくつかありますが、第一にイギリスではカリキュラムの内容をどのように教えるか、その手段は教員に全面的に任されています。さらに第二に、授業は能力に合わせて分けられた小グループごとに行われるという点です。ひとクラスは通常30名ほどですが、教室では5～6人ずつの小グループごとに机を囲んで座るようになっており、時々担任教員によって配置換えも行われます。評価が上がると上のグループへ組み入れられ、下がると下へ移動します。このグループ学習では、たとえ同じ分数の学習でも能力に合わせて、下のグループには安易な課題、上のグループへはより高度な課題が課されるのです。そして、第三に特殊なケースへの考慮です。先にも述べましたが、自閉症やディスレクシア（失読症）などの学習障害を持つ児童生徒の支援、学習能力の低い子供または逆に秀でて能力の高い子供の支援、さらに身体的あるいは知的障害への支援や、家庭環境に恵まれない子供の支援など、ありとあらゆる種類の支援が推進されているのが現在のイギリスの学校教育です。

こう言いますと、完璧な教育のように聞こえますが、事実はもちろんそうではなく、問題点もたくさんあります。移民や難民としてこの国で暮らすようになって英語を全く知らない子供たちへの教育は大変ですし、クラス担任が一人で何通りもの支援法を習得し、一人ひとりの児童に的確に対応するには限度があります。さらに、児童保護法（Children's Act）が設定されて以来、児童生徒への体罰は当然ですが、虐待、特に性的虐待や虐めは重篤な刑法違反になりますから、教職員のほうも冤罪から身を守る手段が必要です。もともと重労働のうえ、このように困難な側面を併せ持つ職業であるために、イギリスでは教員志望の若者が減少しつつあるのも無理からぬことです。大志を抱いた若い教員が、4～5年も勤めると心身ともに疲れ果てて辞めていくのをよく見聞きしましたし、ベテラン教員が有名私立校の引き抜きに応じて公立校を去っていくのも恒例のことです。

また、貧富の差による格差も気になります。裕福な家庭の子供は、ウェストミンスターやイートンのような有名私立校からオックスブリッジ（オックスフォードとケンブリッジ、イギリスで最も有名な2大学をあわせた呼称）へ進学することを前提に養育されます。イギリスでは私立校の授業料は膨大ですので、平均的一般家庭ではまかない切れるものではありません。労働者階級や貧困層の子供は、たとえ頭脳明晰でも家庭でのサポートや理解が十分に得られず、経済的な理由から高等教育を受けることを断念せざるを得ない、あるいはそれを望まないのが現状なのです。

このように、イギリスの学校教育は進化しながらも数々の問題に直面して模索していると言えるでしょう。しかし、素晴らしいと思うのは、先に述べましたように、家庭で親が子供のサポートをしてあげられるようにと、保護者にまで学ぶチャンスを与えてくれたり、一人ひとりの子供を大切にして、人と違うということは良いことなのだと教え、偏見や差別から子供を守ってくれる点です。

イギリスの学校では、各児童生徒の持つ相違点を肯定的に捉え、お互いの違いを尊重し合いながら共存しましょう、と教えることを推奨しています。そして、この教育方針こそが、現在のイギリスの姿である多国籍多民族国家の社会の礎となっていると言えるのではないでしょうか。さすが老大国の知恵、と大いに感心させられました。

12. 大学生になったわが子

娘が大学の寮に引っ越すことになりました。当初は、娘が居なくなったらあれもできるしこれもできると、密かに楽しみにしていたのですが、実際には少々事情が違ったようです。膨大な量の荷物とともに、彼女をロンドンの寮に送り届け、いざ家に帰りついてみると、何という空漠感でしょう。ガランとした空間に圧倒されそうになり、思わずその場に座り込んでしまいました。

不思議なことに、あれほど沢山の荷物を持ち出したはずなのに、家の中の物が減った気配は全くありません。それどころか、未だにくさぐさの物で溢れかえっています。試しに、娘の部屋へ入ってみました。昨日までは、年頃の娘に遠慮して、むやみに入ることを控えていた場所でした。日本でいう４畳半程度の、ベッドや机があるために歩き回ることもできないほど狭いものの、アートの好きな彼女らしく、天井から壁までうまく工夫して装飾されたそこは、華やいだ雰囲気の小部屋でした。しかし、外見は以前と全く変わりないその部屋が、そこにある全ての物が息絶えてしまったかのような静寂が漂うばかりのスペースに成り代わっていました。

窓から裏庭を見てみると、夫がいつもどおり、草花の手入れをしているのが目に入りました。何も変わっていないはずなのに、と自分に言い聞かせるように娘の愛用していたジャケットを手に取ると、ひんやりとした感触に体中が凍りつきそうになり、あわてて手放しました。居間に戻ると程なく夫が裏口から入ってくる音がします。お茶を飲みたくなったらしく、洗面所で派手な音を立てて手を洗っているようです。「それで、どうだった?」と聞かれ、「どうって、無事に何事も無く帰ってきたけど」と、いつもながら大して意味も無い会話です。夫もやはり娘のことを気にしていたのだ、と思いました。

娘の大学は、ロンドンのほぼ中心地、著名な博物館やコンサートホールに囲まれた場所にあります。大学には隣接するいくつかの学生寮があり、やや離れた場所にも寮が点在しています。娘があてがわれたのは大学から徒歩で25分ほど離れた場所で、パディントン駅の近く、かつては駅近辺にあるセント・メアリー病院で学ぶ医学部の学生専用の寮であったそうです。寮は、ヴィクトリアンハウスと呼ばれる、ヴィクトリア女王の時代（１８３７～１９０１）

に建てられた、イギリスでは最もよく見かけるタイプの建物です。

この寮で生活するのは390名。大多数は新入生ですが、それ以外に指導監督の役割を担った上級生（主に修士号や博士号課程の学生）が生活をともにしているそうです。総責任者はウォーデンと呼ばれる学生で、現在は博士課程最終学年の男子学生がその任務に当たっています。彼の補佐役がアシスタント・ウォーデンで、同じく博士課程の学生。さらに7名のサブ・ウォーデンと呼ばれる修士・博士課程の学生がおり、それ以外にホール・シニアという学部上級生がいて、彼らが親身になって新1年生の世話をしてくれるのだとか。そして入寮日には、彼らが早朝から次々と到着する新入生やその家族を迎えて、案内してくれる仕組みになっているようでした。

私たちが到着したとき、彼らのうちの何名かが走り出てきて、早速荷物の搬送の手伝いを申し出てくれたので、大いに助かりました。娘の部屋は日本でいう2階に当たる、天井の高いベランダ付きの南向きの明るい部屋でした。室内には机、ベッドと小さな洋服ダンス、ベランダへ出る両開きのガラスのドアと洗面台があり、広さは6畳程度でしょうか。廊下へ出ると共同のトイレとシャワールームがあり、地下にはやはり共同の広い台所がありました。そこには大きな冷蔵庫が3台、中を開けると仕切りが4つ、つまりは一人ずつが専用に使用できるスペースが仕切られており、自分に割り当てられたスペースに名前を記入する仕組みになっていました。

この寮にはカフェテリアや食堂は無いので、自炊が基本です。その他、地下にはランドリーもあるそうです。ちなみに、娘の左隣の部屋は、フランスからの男子留学生だそうで、ドアにその部屋の学生の名前と出身国の国旗がプリントされた小さなカードがピンで留めてあるので、それと知れました。右隣は、サブ・ウォーデンをやっている中国人の修士課程の女子学生でした。イギリスでは、オックスフォードやケンブリッジを含め、大学の寮は性別によって分けられていないそうです。日本では考えられないことかもしれませんが、個人主義の国らしく、各個人がそれぞれ自分の行動に責任を持て、ということなのかもしれません。それはある意味では、規則で管理されるより、はるかに怖い自由なのではないでしょうか。イギリスで若い人たちが大人びて見えるのは、このあたりの自由教育に理由があるのかもしれない、と密かに納得しました。

イギリスで娘が産まれて以来のこの年月は、私にとっては新しい学びの連続でした。それまでは、異国での生活とは言え、自分たちのことだけを心配していられたのですが、いざ子供が産まれるとなると、将来への期待と心配の入り混じった形容し難い心境でした。正直言って、不安のほうが大きかったかもしれませんし、今になってみると、無知蒙昧であった若い頃の自分に今更ながら感心します。それでも、これまで曲がりなりにも子育てをやってこられたのは、イギリスが持つ大きな懐のお陰であるような気がしてなりません。

出産のため病院に入院したのは、1998年の1月のある土曜日の夜でした。産気づいても許可をもらうまでは入院をさせてくれないとは聞いていましたが、そのうちあまりの痛みに耐え切れなくなり、見かねた夫は勝手にタクシーを呼んでしまい、2人して病院まで押しかけたのでした。

分娩室はこの病院の13階、海が見渡せる大きな窓のついている部屋だったのですが、折角の景色を楽しむ余裕もありませんでした。日本でも最近は夫が出産に立ち会うケースが多いと聞きますが、イギリスではほとんどの場合、夫も一緒に出産を「経験」させられます。麻酔を使用するかどうかは個人の意志に任されていて、私は迷わずお願いしました。実家の母がお産で三日三晩苦しんだ話を繰り返し聞かされていたからです。

麻酔が始まって間もなく、私は急激に気分が悪くなり、こみ上げる嘔吐感に口も聞けなくなってしまいました。身振り手振りで傍にいる夫や助産婦さんに、気分が悪いことを伝えようとしたのですがままならないのです。そのうち、どうにも我慢ならなくなって、思い切り嘔吐してしまいました。「ひえっ」と仰け反るように飛び上がった夫を見るなり、助産婦さんは何が起こったのか悟ったようでした。「旦那さん、ほら早く」と、紙製の使い捨て洗面器のようなものを差し出し、あまりのことに呆然としてしまった夫を叱咤激励です。気分が悪くなければ、おたおたする夫の様子に大笑いしたいところですが、こちらもそれどころではありません。そのあと胃の中のものを全て出し切るまで、2～3回は嘔吐を繰り返したようです。出産の直前だというので、夫の意見でわざわざこしらえた栄養のあるローストチキンの夕食が、全くの仇となってしまったのです。

娘は、翌日の日曜日の午前10時11分に産まれましたが、産まれてすぐに分娩室から11階にある4人部屋の入院室へ移されました。驚いたのは、移動してすぐ、つまり出産後30分も立たないうちに食事を出されたことです。これには辟易しました。何しろ胃袋は空っぽに違いないのですが、空腹を感じるどころか、肩で呼吸するのがやっとという状態でした。私が処理できなかった食事は、すみやかに夫がその処分を申し出て事なきを得たのですが、今度は看護師さんがシャワーを浴びて来いと言うではありませんか。これも丁重にお断りして、やっとうたた寝をするにいたりました。

目が覚めてみると、この相部屋には色々な親子がいました。帝王切開をして赤ん坊を抱き上げることができず、空腹のために大声で泣き出す赤ん坊に途方にくれ、すすり泣いてばかりいる母親、どう見ても15～16歳にしか見えない母親と、その傍に付き添っている赤ん坊の父親らしい少年、分娩後すぐにシャワーを浴びに行き、その日のうちに退院が決まった母親などです。このときのことはよほど印象が強烈であったのでしょう、今でも鮮明に覚えていて忘れ得ない光景です。

その娘がやがて幼稚園へ行き出し、続いて小学校、中学高校へと進み、とうとう大学生になった、という感慨は、長い旅をしてきたという感覚に良く似ているように思います。

子供が大学生になって家を出て行ったため、気持ちが落ち込んだという話をよく聞きますが、私の場合、「空の巣症候群」は半日で終わってしまったようです。寂しくないという意味ではないのですが、忙しさにまぎれて娘のことを忘れている、というのが事実に近いのでしょう。これからも娘と、付かず離れずの良い関係を保っていけたら、と願っています。

13. 動物愛護協会

イギリスには、RSPCA（Royal Society for the Prevention to Cruelty to Animals）、直訳すると「王立動物虐待防止協会」という団体が存在しますが、皆さんはハリネズミの病院（Hedgehog Hospital）というのがあることをご存知でしょうか。その病院は、ハリネズミのみならず、傷ついたり孤児になった野生動物を保護し、野生に戻れるようになるまで治療したり世話をしてあげているそうです。

調べてみると、イギリス全土にこういった病院は何箇所かあるようで、そこで働く人たちはきちんとした獣医の資格や経験を持ち、なおかつ一人ひとりが専門分野の知識や経験を積んでいます。中には、長年の功労に対し女王陛下から叙勲された獣医や看護師、あるいは野生動物の世界的権威もいるようです。団体は、一般からの寄付やスポンサーからのサポートによって運営されており、営利目的ではなく、持ち込まれた動物の治療や世話を無償で行っているとのことです。

さらに、これらの病院は1日24時間週7日体制で、あらゆる緊急事態に対応しているということ。施設の中には、自然に帰してやることが不可能な動物の住まいが設けられていて、片足を失くしてしまったハリネズミや盲目の狐、翼を傷めて飛ぶことのできないワシなどがいるそうです。

こういう話を聞くと、イギリス人の寛大さに感服させられます。現代社会が忙しく殺風景なものになりがちなのに反して、弱い者や虐げられた者を救って守っていこうとする強い意志には、頭が下がる思いです。この世の中、多数の人間が富や名声やエゴイズムに支配されて生きていますが、このように信念を持って働く無名の英雄たちが存在するイギリスとは偉大な国だ、と改めて思い、その根底にキリスト教精神が垣間見えるのを感じました。

イギリスの田舎で車を運転していると、交通事故の犠牲となったウサギやリス、狐、アナグマ、ハリネズミなどを見かけることがよくあります。その度に、人間のエゴイズムと自然破壊に暗澹とし、犠牲になった動物たちの不幸に心が痛むのは、私だけではないと思います。

動物をいたわることやその命の尊さについて、イギリスでは年少のうちから学校で教え込まれるようです。うちの娘が、自宅のお風呂場に出没する小さな蜘蛛に「トミーちゃん」と名前をつけて、かわいがっているのを発見したときは驚きました。かわいがるといっても、せいぜい見かけたときに挨拶したり、隙間に追いやって我々に踏まれたりしないようにしてやる程度なのですが、本来の娘は蜘蛛だけは怖くてたまらない、といった様子だったので、ことさらびっくりしたのです。

不幸にしてトミーちゃんは、ある日、壁からぶら下がったまま死んでいるのを発見されました。どうやら食べ物がつきて餓死したらしいです。大きくなって我々をぎょっとさせる前に死んでくれるとは、何とも孝行な蜘蛛であったと思い、冥福を祈りました。

そういえば、娘のバイオリンの先生も、屋内で蜘蛛を見かける度に、紙ですくい取って窓から外へ出してやっていたのを思い出しました。最初は、その風変わりな先生独自の信念によるものだと思ったのですが、そうではなく、蜘蛛のような虫けらでも命の尊さには変わりないと信じるイギリス社会の風習だったのだ、と気づきました。

ある日、娘が「お母さん、象をハングした人の話、知ってる？」と聞いてきました。それは、メアリーという名の象の話で、アメリカのサーカスで起こった実話だそうです。娘が学校で教わってきた動物虐待に関する痛ましい事件のうち、最も悲しいもののひとつでした。

あるとき、サーカスの象使いが雌の象から落ちて死亡するという事件が起こりました。その原因については後に色々取り沙汰されましたが、ひとつにはその象使いが訓練を積んでいない素人であったことや、象の耳を突いたりして、怒らせる行為をしたことなどが記録されています。象はただちにライフル銃で20発撃たれましたが死なず、サーカスの団長は公衆の面前でその象を絞首刑にした、という話です。クレーンを使用して、1度目は首の周りにかけた鎖が切れて象が落下し、腰の骨を砕くに至ったそうですが、2度目に吊り下げようとしているうち、メアリーは死亡したということです。

さて、動物愛護協会について、かつて以下のような記事を見たことがあります。ある若い女性が白いハツカネズミを飼っていたのですが、急病で入院することになりました。一人暮らしだった上、救急車で運ばれてそのまま入院となったために、ネズミの世話を誰かに頼むこともできなかったのです。それで、退院して自宅に戻ってみると、ネズミは死んでいました。後日、女性は動物愛護協会に義務怠慢の疑いで訴えられ、訴訟の妥当性について新聞でも大きく取り沙汰されました。

最近では、他所の家の飼い猫をゴミ箱に投げ込んだ女性が動物虐待の疑いで告訴されたとのことです。この女性は近所の住人で、通りすがりにこの猫を撫でていくこともあったそうです。どういう心理状態だったのか不明ですが、ある日、猫の頭を撫でていると、突如猫の首を掴み、傍に置かれたゴミ箱の蓋を開け、猫を投げ入れたのだとか。

そうとは知らず、猫の飼い主は、なかなか帰宅しない猫に何かあったのではと心配になり、自宅の玄関前に取り付けられた監視カメラのビデオを見てみると、その女性と猫が映っていたということでした。それで、その映像をフェイスブックに載せたところ、猫を投げ入れた女性への猛烈な批判が寄せられました。幸い、猫は無傷で15時間後に救出され、罪を認めた女性は罰金の支払いとともに、5年間動物を飼うことの禁止を申し渡されたということです。このように、イギリスでは動物の虐待は重篤な刑事法違反として告訴されます。時には、首をひねるような事件もあるのですが、世論を大いに賑わすニュースネタになることが多いようです。

最近、私がはまってしまったものに、バードウォッチングがあります。春になって、自宅の庭に何気なく置かれた巣箱に、可愛らしい小鳥が興味を示して始終寄ってくるのに気が付きました。すずめより少し小さく、さかんに巣箱と外を行き来していましたが、ヒナのいるような気配はありません。ところがある日、そっと近寄ると、巣箱の中から可愛らしい声がサワサワと聞こえてくるではありませんか。すると2羽の親鳥たちは前よりももっと頻繁に巣箱に出入りするようになり、おまけに口に何か白いものをくわえて入っていきます。巣箱の中の声は日ごとに大きくなってきて、親鳥の献身的働きぶりにも一層拍車がかかっていく様子でした。

あるとき、異常な鳴き声がするのに気づき、窓から巣箱の方角に目をやると、これまで見たことも無いほど大きく丸々とした蜂が巣箱の回りをゆうゆうと飛んでいました。巣にいるヒナたちを気遣って、親鳥たちは警告のように鋭い鳴き声を発して蜂を追い払おうとしているのですが、当の蜂は全く立ち去る気配を感じさせません。しかし、しばらくしてふわりとどこかへ姿を消したようです。ホッと安堵の親たちも、日常の生活に戻って行きました。そんな出来事ののち何日か経って、巣箱はまた静かになり、あんなに頻繁に来ていた親鳥もふっつりと来なくなってしまったのです。どうやら巣立ちの日を迎えたのでしょう。彼らの姿が見られなくなって淋しいことですが、来年また会えるように、巣箱をもっと良い場所に移しておこうと決めました。それで、野鳥のことをもっと知りたいと思い検索してみると、あるわあるわ、写真やブログが山ほど、同胞がしたためた記録やアドバイスまで、選り取り見取りです。巣箱の中に隠しカメラを取り付けて内部の様子を隠し撮りした猛者や、遠距離ズームレンズを使ってヒナが顔を出した瞬間を捉えた達人まで、ありとあらゆるバードウォッチャーが出て来ました。さすが自然愛好の国イギリス、と今更のように感服です。

14. 風呂好きのイギリス人

うちの夫は、無類の風呂好きです。週末には、入浴剤を入れて朝と晩、一日に2回も入るほどです。風呂好きは日本人特有のものかと思っていましたが、夫のようなイギリス人もいるのかと新しい発見をしました。彼が頑なに信じているのは、寒い時期には朝風呂がとても体に良いということです。その理由は、出勤前に熱い風呂で体を温めてから出掛けると、一日中体がポカポカと温かく、風邪を引いたり体調を崩したりすることも無い、というもの。それは、もともと体が丈夫でほとんど病気らしい病気をしたことがない夫にのみ当てはまるようで、根拠も説得力も無さそうな説明ですが、本人は確信しているので世話はありません。

西欧人はシャワーやお風呂を頻繁には使用しないために香水が発達したという説がありますが、イギリス人には必ずしも当てはまらない場合があるように思います。しかしフランスにだけ関して言えば、強い体臭と香水の関連は信じてよいのかもしれません。

私が初めて海外に出たのは、今から30年も前のことで、行き先はフランスでした。パリのシャルル・ドゴール空港に到着した晩、予約しておいた近代的なホテルに着いて、5階の部屋へ向かいエレベーターに乗り込んだところ、一人の男性と乗り合わせました。そして、5階に到着するまでのほんの短い時間に、体臭が強いとはどういうことかを実体験しました。彼は上等のスーツ姿で、見るからに富裕層の男性だったのですが、狭いエレベーターの中では香水でカバーしきれないほど体臭が強かったのです。それは不潔とか身だしなみの問題ではなく、持って生まれたものに違いありません。

パリでは、地下鉄やバスなどの公共の乗り物や建物の中は勿論ですが、出会う人、特に女性はほぼ全員が、鼻が曲がりそうなほどに香水の匂いを強く漂わせていました。それに比較すると、イギリス人の場合は、香水ではなく制汗剤やデオドラントを使用している人のほうが多いようですし、仮に香水をつけていてもフランス人よりはずっと控え目だと思います。

わが夫のジョージは、結婚以来、額の生え際が徐々に後退してしまい、前頭部の頭髪がまことに頼りない状況です。自分でも気になるのか、一応身だしなみとしてデオドラントだけは毎朝欠かさず使っているようです。うちの娘にいたっては、つまむのも憚られるほどに臭いTシャツを平気で家中に脱ぎ散らかし、これについて苦情を言うと、女子校時代の更衣室の臭さを例に挙げ、その比ではないと豪語する始末です。

クリスマスが近づくと、いいえ、それ以前の９月早々新学年が始まるとともに、商魂たくましい店舗には、いち早くクリスマス商品がお目見えするのですが、イギリス人がクリスマスのプレゼントとして家族や友人、同僚などによく購入するもののうち、巷で「smellies」（スメリーズ）と呼ばれるものがあります。良い匂いのする石鹸やシャンプー、入浴剤やローションなどの総称で、価格も決して香水のように高価ではなく、気軽に買えるものばかりです。そして、それらの匂いの種類は膨大で、定番のラベンダーやバラなど様々な花類やスパイスの他、チョコレートの匂いのする石鹸やバニラの香りのローション、イチゴのバスソルトまであります。

一年のうちで最も盛大なお祝いであるクリスマスには、家の内も外も美しく飾って、普段は遠く離れて暮らしている家族も一同に集まり、一緒にご馳走を食べたり贈り物を交換したり、仕事からも解放されて楽しく団欒するのですから、入浴やシャワーもこの時期だけは普段とは違う香りで贅沢に楽しみましょう、という趣旨なのかもしれません。

こうして見ると、イギリス人も案外シャワーや風呂は好きなのが本音のようです。何と言ってもキリスト教国であり、19世紀にはピューリタン的な禁欲主義が植えつけられた歴史もあるので、毎日風呂を使うことは贅沢であるゆえ避けるべきと信じ教えられてきたのでしょうか。そして、毎年必ずクリスマス時期に数々のsmelliesが出現するのは、このときだけは日ごろの我慢や節制を忘れて贅沢に風呂を楽しみなさい、という神の思し召しと信じているからなのかもしれませんね。

15. 論証クラブのススメ

日本を出て海外で暮らしているうちに気づくのは、国際社会において日本がいかに政治的に弱い立場にあるかということ。そして、我々が考えるほどには、日本や日本人は諸外国から理解されていないという事実です。

かなり昔の話になりますが、フランスの国営放送で日本に関するニュースを聞いたときのことです。かつて日本が経済的に世界の頂点に立っていた時期に、日本のある商社がゴッホの名画「ひまわり」を競売で、しかも史上最高額で競り落とすという「事件」についての報道があり、それが興味深かったのを記憶しています。このときのニュース報道の中で、テレビ局は道行く人々にインタビューを行いましたが、感想の多くは、日本人が名画を買い取った事実を、まるで強奪か窃盗に遭ったかのように否定的に捉えたものばかりで、中には露骨に、日本人などにこの絵画の価値がわかるはずが無いという前提をもとに述べられた発言もありました。私はこのニュースを見ていて、大きなショックを受けました。

それにしても、ジャパンバッシングは今に始まったことではなく、イギリスでは毎年何らかの日本批判を聞いているような気がします。

例えば、捕鯨やイルカ漁に彼らは容赦がありません。ロンドンでは日本のイルカ漁に反対する大掛かりなデモ行進も行われています。日本にイルカを獲り、食する習慣のある地域があるらしいことは聞いていましたが、イギリス人がそのことを知っている、ということ自体にとても驚きました。日本人でもそんなことは知らない人がたくさんいると思われるからです。イルカを食べたことのある日本人が、一体どれだけいるというのでしょうか。

デモ行進が行われたのと殆ど同じ時期に、BBCの「Country Files」という、田舎の農場や畑を人気キャスターが訪問して、視聴者に紹介する番組を見ていて、おや、と思ったことがありました。

まず、羊の農場の経営者らしい人がインタビューされており、カメラが3～4キロはありそうな大きな羊肉の塊を映しました。次に、緑の芝生の生い茂る丘に遊ぶ羊の群れが画面に現れ、そこでは子羊も多く戯れています。さて、その直後、こんがりと焼き上がった羊肉にナイフを入れ、先ほどの農場主とインタビュアーが試食する様子がクローズアップされました。ローストされた羊肉を満足そうに味わいながら、「これが我々の誇りです。このために一生懸命働くのが私の使命だと思っています」と農場主。これに対してインタビュアーが、「素晴らしいですね、女王陛下主催のディナーテーブルに出しても恥ずかしくない出来栄えですよ」と答えます。

このように、生きている動物と食料としての肉を交互に映し出す神経は、どうも私の理解の域を超えているようです。それは、多くのイギリス人にも理解される感情のようですので、その例をご紹介しましょう。

以前、ある小学校で子羊を保育したことがあったそうです。その学校の児童たちが交替で餌をやったり掃除したりして面倒を見ていました。ある日、成長した羊のうちの1頭を屠殺場に送り、その肉を地域の肉屋で販売し、その収益金で子豚を買う、という決定がされました。すると、それに対する保護者からの抗議が相次いで、この件は新聞やニュースでも大きく取り沙汰され、校長先生の進退問題にまで発展。校長のコメントは、「子供たちに食べ物がどこから来るのか、牧畜と地域の経済の関わりについて教えてあげたかった」とのこと。この学校は、ケント州の牧畜業が盛んな地域にあり、保護者の中には牧畜に携わっている人も多数いるらしいのです。それでも、校長に対する執拗な批判は止まず、ついに彼女は辞職しました。

このニュースを見ていて、夫のジョージも、結婚以来ずっと長い間、赤身の肉が食べられなかったことを思い出しました。原因は、若いころに徒歩で旅行をした際の経験によるものです。ある田舎を歩いていたら、夕暮れ時に大きな倉庫のような建物に出くわしたそうです。すると、突如、中からおぞましい悲鳴が聞こえ、思わず耳を塞いだとのこと。そこは屠殺場でした。そのとき以来、彼は牛肉や羊肉が食べられなくなったのだそうです。

このように、イギリス人も我々日本人と同じように肉食に神経質になったり抵抗を感じたりするようです。それでは、牛豚羊を食べるために殺すことは黙認するが、鯨やイルカはいけないというイギリス人の論理とは、一体どういうものなのでしょうか。どちらも哺乳類のはずです。彼らには鯨やイルカを食べる習慣が無いからなのか、あるいは、単なる自分勝手なのでしょうか。

捕鯨に関して言えば、彼らの第一の言い分は、絶滅の危機にある動物を捕獲することへの反対。第二は、捕鯨の方法、つまり残酷さであるというのです。したがって、鯨の苦痛を最小限に留められる技術があれば、捕鯨もそれほど問題ないのでは、という意見も見られるようです。なるほど、牧畜業者がいるので羊や牛、豚が絶滅する怖れは無さそうですし、食肉用の牧畜の屠殺には、なるべく苦痛を与えずに済む方法が取られています。ただし、捕鯨にはそのような方法があり得ないとも言われており、討論が不毛になってしまうのでしょう。

イルカ漁に関してはさらに複雑なのかもしれません。水族館などでお馴染みのあの可愛らしい動物を食べる習慣が日本にある、ということ自体にショックを受ける日本人も多いと思います。

聞くところによりますと、和歌山の太地でのイルカ漁は、大量のイルカが海流に乗ってきた魚の群れを待ち受けて食い散らしてしまう、という止むに止まれぬ理由から行われているそうです。ＢＢＣでも、何千頭ものイルカが徒党を組んで魚の群れを待ち受け、逃げられない場所に魚を誘導して「漁」をする様子を報道していました。

ですから、イギリスの自然保護団体などによる実力行使や、嘘偽りを含んだ無責任な映画の放映に憤りを感じ、反発する日本人も多いようです。私自身もつい最近までは、日本の伝統である捕鯨や、和歌山沿岸の魚を食い尽くしてしまうイルカを始末せざるを得ない地元の漁師たちに肩入れしていました。しかしながら、血みどろの鯨がもだえ苦しむ様やイルカの血で湾が赤く染まっている映像は、やはり見ていて気持ちの良いものではありません。

戦後、まだ貧しかった日本では給食に「鯨の竜田揚げ」なるものが登場して、子供たちにはなかなかの人気だったようです。しかし今では、わざわざ絶滅しかかっている動物を捕獲しなくとも、美味しくて栄養のある素材は豊富に存在しますから、鯨肉でなければいけない理由は無くなりました。イルカにしても、食べた経験のある人によりますと特に美味しいものではないそうですし、食料確保という観点からイルカを捕獲する理由は無さそうです。

みなさんはどう思われますか。ここは是非、我々日本人も弁論の技を磨いて、イギリスの反捕鯨、反イルカ漁団体と激しく討論してみるのはいかがでしょうか。

もともと日本人が議論下手なのは、ひとつには日本独特の文化的な背景が理由にあると思います。日本では、たとえ異議があってもそれをあからさまには相手に示さないことが社会習慣になっていますが、これは国際社会では絶対に避けるべきことなのです。何故なら、西欧人にとって、反応を示さないというのは、それで不満はありません、異存はありません、と認めることと同じだからです。

イギリス人は少しでも不満があれば堂々と主張しますし、仮に苦情や不満を述べたからといって、叱られたり批判されたりすることもありません。苦情や不当な扱いに対する不満を述べることは、イギリス社会では欠かせない大事な約束事です。

一方日本社会では、口を慎むのは美徳であり、「出る杭は打たれる」ですとか、「以心伝心」などという言葉で表されるように、余計なことは言わない、あるいは言わなくてもわかるという文化ですが、イギリスでは逆に「I am not a mind reader」と言われます。かつ、寡黙な人ほど得体が知れないと警戒される傾向にあるようです。

こうして考えてみますと、日本の外交の失敗や過去の戦争の勃発は、意外に単純な習慣の違いや考え方の違いのように、根本的な文化の違いが要因となったのではないでしょうか。もしそうだとしたらこれは一大事です。日本は一刻も早く国際社会での応対について学び直す必要があるわけです。

さて、それでは議論に強くなるようにイギリスで行われている教育について、ご紹介しましょう。娘がまだ小学校の低学年だった頃、ある日学校から帰ってきてこんなことを言うのでした。「あのね、今日はね、授業でミスター・キプリングに手紙を書いたんだよ。ケーキにお砂糖をあんまりたくさん入れないでくださいって頼んだんだ。だってお砂糖の取り過ぎは体に良くないでしょ？」

ミスター・キプリングとは、イギリスのお菓子の会社であるキプリング社の社長さんのことを指して言っているようです。そしてその手紙とは、英語の授業の中で、相手を納得させ考えを変えさせるための手法を習得する目的で出された課題でした。

なるほど、イギリス人はこのように幼少のうちから自分の意見を組み立てて述べたり、相手を納得させたり気持ちを翻させたりするための訓練を積むのかと思い、大いに感心しました。その後、この種類の学習は学年が進むにつれ、徐々に高度に洗練されたものになっていくことを発見しました。中学校になると英語の授業は2通りに分けられ、一つは文学の時間、もう一方は語学の時間になります。語学の時間には、実社会で役に立ちそうなあらゆる種類の英語学習が詰め込まれているのが驚きでした。例えば、演説、議論、苦情の申し立て、宣伝、レポート作成などです。そして、それらを通して最も効果的なライティングやスピーキングを徹底的に学ぶのです。「Persuasive」の分野に関してだけ見ても、書法と話法それぞれに使用されるべき語彙や文法、技法などが、学年や到達度によって細かく規定されているようでした。この発見は、まさに目からうろこが落ちる思いでした。このような徹底した英語教育が、国際社会で堂々と相手と立ち会う人材を育てていたのです。

これでは、日本人がこてんぱんに言い負かされるのも不思議はありません。我々はそういった教育を受けていないのはおろか、外国語をマスターせねばならないというハンディをも背負っているのですから。

そこで提案です。彼らを見習って、我々も議論に打ち勝つ方法をマスターしてはいかがでしょうか。日本人はチームワークでは誰にも負けません。分析力や応用力は日本人ならではの特技です。そして我々に与えられた最も有能な武器である勤勉さを以ってすれば、怖れるものは何もないはずです。学生の皆様は是非、論証クラブを作って、大いに議論の仕方を練習し、将来は国際社会を相手に激しく議論を戦わせる楽しさを経験していただきたいと思うのです。

16. 終わりに

イギリスに何年も暮らしているせいで、時折「もうほとんどイギリス人ですね」と言われたり、「日本語と英語ではどっちが楽ですか？」と聞かれたりすることがあります。

日本語に関しては、確かに漢字が書けなかったり単語や言い回しが思い出せなかったりすることが四六時中ありますが、かといって、英語がスラスラと楽にできるということでもありません。しかし、自分がイギリス人と同様だと感じるようなことは、今も将来もあり得ないでしょう。今後何が起ころうと仮に英国籍を取得したとしても、よそ者の烙印は消えませんし、消えなくて結構だと思っています。むしろ、イギリス人になろうと努めることが意味の無い行為でしょう。

私は日本人としてこの地に暮らし、日本人の容貌を持っていますから、イギリス人から見ればいつまでたっても外国人ですし、自分でも外国人だと思っています。イギリスには、成人後に英国籍を取得された日本人の方ももちろんいらっしゃるのですが、そんな方々でも、ご自分のことをイギリス人と言い切る方がいらっしゃるかどうか、疑問です。

イギリスに来てこの国の文化や語学を学ぶに当たって、意外に多くの若い人たちが、似たような過ちを犯しがちなことに気が付きました。例えば、巷で見聞きした汚い言葉をいち早く取り入れて真似して、それが粋なことのように思い込んだり、まともなイギリス人ならば使わないような下卑た言い回しを覚えて、相手構わず使っていたりするのを見かけます。

少し注意深く観察すれば、イギリス全体がそういった好ましくない風習に染まっていないことは明らかなのですが、自分の置かれた狭い空間の中で、ほんの一度でも見聞きしたことを猿真似のように真似て、これがイギリス文化の体得なのだと勘違いしてしまったり、イギリスは自由だから何でも許されると思い込み、常識の判断基準を見失ってしまうようなこともあるようです。

時には、若者どころか分別ある良い大人が、イギリスのある一面を一時的に見て、イギリスやイギリス人を理解したと思い込んでしまうこともあるようです。このような勘違いは本人のみならず、イギリスにとっても日本にとっても不幸で悲しいことです。

外国に暮らしているうちに、自分が何者なのか、その拠り所を失くしてしまうと、いつのまにか大事なものを見失ってしまうのかもしれません。長く暮らせば暮らすほど、祖国の風習や慣習は記憶から遠ざかり、言葉もあやふやになっていくでしょう。そして、新しい風習や慣習を習い覚えて、その土地に慣れ染まっていくのは当然の成り行きです。それでも、自分のうちにある目や耳を研ぎ澄まし、自分は何者なのか、大事なものは何なのか、と心に問いかける努力を続けていかなくてはならないのではないでしょうか。

外国での暮らしは、時には、日本で暮らすよりも厳しく孤独なものです。私は、配偶者である夫が英国籍を持つので、選挙権以外はイギリス人と同等の権利を与えられていますが、日本を出てみて初めて、日本では国や憲法によって守られていたことや、そのありがたさを思い知りました。日本にずっと暮らしていたら、考えもしなかったことでしょう。それと同時に、イギリスに来てから夫を含めこの国や人々が、私に与えてくれた計り知れないほど多くのものに対して、心から感謝をしています。そして、これからはそのことを忘れないようにして、どうしたら少しでもお返しができるかを考えながら暮らしていきたいと考えています。イギリスの寛大さや心の広さに恩恵を受け、多くの学びを授けてくれたのですから、私にできることをしていきたいと思うのです。

さて、夫と私は「老いじたく」ではないですが、お互いに、相手が先に死んだら弔いをどうするか、という話題を口にするような年代に差しかかっています。

私は、数年前までは、せめて骨の一部だけでも日本に帰してほしい、と心密かに考えていましたが、最近はそんなことはどうでも良いと思うようになりました。私の好きな、ある場所に、遺灰を撒いてもらえたらそれで満足です。ある日、夫にそう言うと、「俺は絶対に土葬にしてくれ。遺体を焼かれたら、蘇ることができないからな」などと、不気味な発言をしました。一体、この人は何を考えているのでしょうか。今更ながら訳のわからない人物です。

人間の一生のうち、ある時期をどこでどのように過ごすか、ということはとても重要です。私は大人になってからイギリスに暮らすことになり、今まで年齢の半分近くの年数をこちらで過ごしたことになりますが、時々、空想の世界の日本で暮らしてみることもあります。それは温かくほんのりとした明かりに包まれた風景で、郷愁と呼べるものかもしれません。私個人にとってはかけがえのないもので、ひたひたと湧き出る感慨に浸りながらその情景を思い浮かべるのです。

ところで、もしもある日、私と夫が実際に日本で暮らすことになったら、どうなるでしょうか。それはなかなか骨の折れるものかもしれません。逆カルチャーショック、あるいは浦島太郎症候群、とでも呼びますか。リハビリも必要かもしれませんね。さしずめ夫などは、言葉の不自由さにストレスの塊と化し、セントラルヒーティングの無い家屋の真冬の寒さに悲鳴を上げ、庭仕事中に間断なく襲いかかる蚊に発狂しそうになることでしょう。

そこで、ここはひとつ、定刻に来ない電車や物価高を呪いながら、サービスの悪さや生活の不便さをこぼしながらも、イギリスの日常を楽しみ、日々を勤しむことにしましょう。

friendly-resources/leaflets-and-posters/caring-for-your-baby-at-night/）閲覧：2017 年 4 月 26 日
「イクメン論議に決定打！子供と一緒にお風呂に入るパパは出世派？」『気になる大調査ニュース！しらべぇ』掲載:2015 年 10 月 16 日 (http://sirabee.com/2015/10/16/45930/) 閲覧：2017 年 4 月 26 日
「海外邦人事件簿｜Vol.50　なぜ!?　思わぬことから大騒ぎ（その1）」『外務省　海外安全ホームページ』掲載:2006 年 8 月 14 日（http://www.anzen.mofa.go.jp/jikenbo/jikenbo50.html) 閲覧:2017 年 4 月 26 日
本川裕「家事分担の国際比較（2012 年）」『社会実情データ図録』更新：2015 年 10 月 5 日（http://www2.ttcn.ne.jp/honkawa/2323.html）閲覧：2017 年 4 月 26 日
総務省統計局「表 4　行動の種類別総平均時間－週全体, 末子が 6 歳以下（日本，アメリカは 5 歳以下）の夫・妻，有業者」『平成 23 年社会生活基本調査』公表：2012 年 12 月 21 日（http://www.e-stat.go.jp/SG1/estat/List.do?bid=000001044385&cycode=0）閲覧：2017 年 4 月 26 日

ング」『イギリスの風』2011年2月26日（http://xingzi.blog35.fc2.com/blog-entry-414.html）閲覧：2017年4月26日

BabyCenter Advisory Board「Baby sleep training: Cry it out methods」『BabyCenter』更新：2016年3月（https://www.babycenter.com/0_baby-sleep-training-cry-it-out-methods_1497112.bc）閲覧：2017年4月26日

maddie「添い寝？ネントレ？世界のママたちも悩んでる！海外の寝かしつけ事情」『Up To You!』（http://up-to-you.me/article/707）閲覧：2017年4月26日

Adams, Stephen「Want a good night's sleep? Let the baby cry, say psychologists」『The Telegraph』2013年1月3日（http://www.telegraph.co.uk/news/health/news/9778405/Want-a-good-nights-sleep-Let-the-baby-cry-say-psychologists.html）閲覧：2017年4月26日

Bazian「Leaving babies to cry 'will improve their sleep', study says」『NHS Choices』掲載：2016年5月27日（http://www.nhs.uk/news/2016/05May/Pages/Leaving-babies-to-cry-will-improve-their-sleep-study-says.aspx）閲覧：2017年4月26日

Barts Health NHS Trust『Sleep and sleep training techniques』公表：2014年2月5日（https://bartshealth.nhs.uk/media/173821/140205_sleep_training_techniques_bartshealth_branded.pdf）閲覧：2017年4月26日

McKenna, James J. 他「Why babies should never sleep alone: A review of the co-sleeping controversy in relation to SIDS, bedsharing and breast feeding」『Padiatric Respiratory Reviews』第6巻（2005年）134～152項

上記、Barts Health NHS Trust『Sleep and sleep training techniques』

UNISEF United Kingdom「Caring For Your Baby At Night: A Guide for Parents」（https://www.unicef.org.uk/babyfriendly/baby-

2016年8月24日（http://www.nikkei.com/article/DGXLASDG24H1Q_U6A820C1CR0000/）閲覧：2017年3月27日

Gallagher, James「UK 'world's worst' at breastfeeding」『BBC News』2016年1月29日（http://www.bbc.co.uk/news/health-35438049）閲覧：2017年3月27日

Victora, Cesar G他「Breastfeeding in the 21st century: epidemiology, mechanisms, and lifelong effect」『The Lancet』第387巻、475～490項。発表：2016年1月30日（http://www.thelancet.com/pdfs/journals/lancet/PIIS0140-6736(15)01024-7.pdf）閲覧：2017年3月27日

上記論文の「Supplementary appendix」を参照。

厚生労働省「第1部 乳幼児の栄養方法や食事に関する状況」『平成27年度　乳幼児栄養調査結果の概要』（http://www.mhlw.go.jp/file/06-Seisakujouhou-11900000-Koyoukintoujidoukateikyoku/0000134207.pdf）閲覧：2017年3月27日

McAndrew, Fiona他『Infant Feeding Survey 2010: Summary』発表：2012年11月20日（http://content.digital.nhs.uk/catalogue/PUB08694/ifs-uk-2010-sum.pdf）閲覧：2017年3月27日

https://yournaturalbirth.co.uk/2015/06/02/why-most-women-cant-breastfeed/

http://naturalparentsnetwork.com/how-old-is-too-old-to-breastfeed/

Bryder, Linda「Breastfeeding and Health Professionals in Britain, New Zealand and the United States, 1900–1970」『Medical History』第49巻2号（2005年）179～196項（https://www.ncbi.nlm.nih.gov/pmc/articles/PMC1088218/）閲覧：2017年3月27日

日経ナショナル ジオグラフィック社「添い寝の功罪　日本の子どもの睡眠は超短時間」『Nikkei Style』2015年12月15日（http://style.nikkei.com/article/DGXMZO94342990U5A121C1000000?channel=DF260120166530）閲覧：2017年3月27日

へんじゃ「イギリス流の子育て②　夜中の授乳とスリープトレーニ

福一由紀「結婚にかかる費用はいくら？」『All About』更新：2016年08月15日（公開：2009年10月28日）（https://allabout.co.jp/gm/gc/19359/）閲覧：2017年4月26日

Andrew, Amy「How much does a wedding really cost and who should pay? The bride, groom and parents' guide to the big day」

「UK Weddings 2014 - By The Wedding Secret」『The Wedding Secret』

「戸当たり住宅床面積の国際比較」『2015/2016年版　建材・住宅設備統計要覧』から抜粋。公表：2015年11月30日（https://messe.nikkei.co.jp/ac/column/society/132435.html）閲覧：2017年3月27日

国土交通省『平成20年度国土交通白書』第1章第1節2「住宅に関する現状と課題」（http://www.mlit.go.jp/hakusyo/mlit/h20/hakusho/h21/html/k1112000.html）閲覧：2017年3月27日

Joyce, Julian「'Shoebox Homes' Become the UK Norm」『BBC News』2011年9月14日（http://www.bbc.co.uk/news/uk-14916580）閲覧：2017年3月27日

「SN/SG/2645 House prices (UK)」（http://researchbriefings.files.parliament.uk/documents/SN02645/SN02645.pdf）閲覧：2017年3月27日

Barker, Carl「One NHS, Many Nationalities: where are NHS staff from?」『Second Reading: the House of Commons Library blog – UK Parliament』2016年11月28日（https://secondreading.uk/social-policy/one-nhs-many-nationalities-where-are-nhs-staff-from/）閲覧：2017年3月27日

Siddique, Haroon「Figures show extent of NHS reliance on foreign nationals」『The Guardian』2014年1月26日（https://www.theguardian.com/society/2014/jan/26/nhs-foreign-nationals-immigration-health-service）閲覧：2017年3月27日

「母乳で育てた」5割超　生後1.3カ月、厚労省調査『日本経済新聞』

Thompson, Kate「Wedding Report 2015-2016」『Confetti』掲載:2016年 4 月 25 日（http://www.confetti.co.uk/news/wedding-report-2015）閲覧：2017 年 4 月 27 日

「UK Weddings 2014 - By The Wedding Secret」『The Wedding Secret』掲載：不詳（http://www.theweddingsecret.co.uk/data-centre/uk-weddings-2014/）閲覧：2017 年 4 月 27 日

GOV.UK「Overview」『Marriages and civil partnerships in the UK』更新：2017 年 4 月 26 日（https://www.gov.uk/marriages-civil-partnerships/overview）閲覧：2017 年 4 月 26 日

Andrew, Amy「How much does a wedding really cost and who should pay? The bride, groom and parents' guide to the big day」『THISISMONEY.CO.UK』掲載：2015 年 7 月 3 日（http://www.thisismoney.co.uk/money/howmoneyworks/article-3112152/How-does-wedding-really-cost-pay.html）閲覧：2017 年 4 月 26 日

GOV.UK「Foreign nationals」『Marriages and civil partnerships in the UK』更新：2017 年 4 月 26 日（https://www.gov.uk/marriages-civil-partnerships/foreign-national）閲覧：2017 年 4 月 26 日

GOV.UK『Family visas: apply from outside the UK』更新：2017 年 4 月 26 日（https://www.gov.uk/join-family-in-uk）閲覧：2017 年 4 月 26 日

Millbank, Clemmie「What is the average cost of a wedding?」『Perfect Wedding』掲載：2016 年 9 月 27 日（http://www.planyourperfectwedding.com/article/budgeting/what-average-cost-wedding）閲覧：2017 年 4 月 26 日

Brides「How Much Does A Wedding Cost?」掲載：2016 年 9 月 12 日（http://www.bridesmagazine.co.uk/planning/general/planning-service/2013/01/average-cost-of-wedding）閲覧：2017 年 4 月 26 日

上記 Andrew, Amy「How much does a wedding really cost and who should pay? The bride, groom and parents' guide to the big day」

eholds/2015-01-28）閲覧：2017 年 3 月 24 日
長野雅俊「異国で出会った不思議な価値観　英国人はなぜ結婚しないのか」『Eikoku News Digest』Vol.1150 公表：2008 年 6 月 5 日（http://www.news-digest.co.uk/news/features/3645-marriage-and-cohabiting.html）閲覧：2017 年 3 月 24 日
日本の婚外子率
https://honkawa2.sakura.ne.jp/1520.html
イギリスの婚外子率
https://www.ons.gov.uk/peoplepopulationandcommunity/birthsdeathsandmarriages/livebirths/bulletins/birthsummarytablesenglandandwales/2015#the-percentage-of-births-outside-marriage-or-civil-partnership-continues-to-rise
https://www.theguardian.com/news/datablog/2013/jul/12/babies-out-of-marriage-data#data
https://docs.google.com/spreadsheets/d/1BJtu1MvWP3kgFk6cdQE2sl0_4fb5sWTcR43bzn4nUGo/edit#gid=0
Office for National Statistics『Divorce in England and Wales: 2013』公表：2015 年 11 月 23 日（https://www.ons.gov.uk/peoplepopulationandcommunity/birthsdeathsandmarriages/divorce/bulletins/divorcesinenglandandwales/2013#percentage-of-marriages-ending-in-divorce）閲覧：2017 年 3 月 24 日
Zaleski, Jessica「How Long Is Too Long to be Engaged?」『the knot』掲載日:不詳（https://www.theknot.com/content/too-long-to-be-engaged）閲覧：2017 年 4 月 27 日
Braxted Park Group「From 'Yes' to 'I Do', survey reveals UK couples getting married older but with shorter engagements」掲載：2014 年 8 月 11 日（http://www.braxtedparkweddings.co.uk/blog/2014/from-yes-to-i-do-survey-reveals-uk-couples-getting-married-older-but-with-shorter-engagements/）閲覧：2017 年 4 月 27 日

からアクセス可能：「13. Further information」『Births in England and Wales by Parents' Country of Birth: 2013』 公表：2014年8月28日（http://www.ons.gov.uk/ons/rel/vsob1/parents--country-of-birth--england-and-wales/2013/rtd-parents-country-of-birth-tables.xls） 閲覧2017年1月24日

2011年（2013年）に生まれた子供のうち、両親ともに外国生まれ18.6（19.1）%；外国生まれの母とイギリス生まれの父6.3（6.3）%；外国生まれの母と出身国不詳の父1.1（1.1）%；イギリス生まれの母と外国生まれの父5.5（5.5）%；イギリス生まれの母と出身国不詳の父親4.6（4.5）%。Office for National Statistics「Table3a Numbers and percentages of live births by country of birth of mother and of father1, 2008-2013」『Parents' country of birth』以下の資料からアクセス可能：「13. Further information」『Births in England and Wales by Parents' Country of Birth: 2013』公表：2014年8月28日（http://www.ons.gov.uk/ons/rel/vsob1/parents--country-of-birth--england-and-wales/2013/rtd-parents-country-of-birth-tables.xls）閲覧2017年1月24日

Office for National Statistics「Table3 Live births: country of birth of mother and of father, 2011」並びにOffice of National Statistics「Table 3　Live births: country of birth of mother and of father, 2013」

Viner, Brian「Great British Institutions: the book club」The Telegraph、2013年3月18日（http://www.telegraph.co.uk/culture/books/9937708/Great-British-Institutions-the-book-club.html）閲覧：2017年1月26日

「結婚・同棲・未婚の多国間比較（2012年）」『社会実情データ図録』収録：2014年4月3日（http://www2.ttcn.ne.jp/honkawa/1538b.html）閲覧：2017年3月24日

Office for National Statistics『Families and Households: 2014』公表：2015年1月28日（https://www.ons.gov.uk/peoplepopulationandcommunity/birthsdeathsandmarriages/families/bulletins/familiesandhous

horities in England and Wales』公表：2012 年 12 月 11 日（http://webarchive.nationalarchives.gov.uk/20160105160709/http://www.ons.gov.uk/ons/rel/census/2011-census/key-statistics-for-local-authorities-in-england-and-wales/rft-table-ks201ew.xls）閲覧：2017 年 1 月 24 日

Office for National Statistics『2011 Census analysis: What does the 2011 Census tell us about Inter-ethnic Relationships?』公表：2014 年 7 月 3 日（https://www.ons.gov.uk/peoplepopulationandcommunity/birthsdeathsandmarriages/marriagecohabitationandcivilpartnerships/articles/whatdoesthe2011censustellusaboutinterethnicrelationships/2014-07-03）閲覧：2017 年 1 月 24 日

2013 年に生まれた子供のうち、イギリス生まれの父親と外国生まれの母親の子、6.3％。イギリス生まれの母親と外国生まれの父親の子、5.5％。Office for National Statistics「Table3a Numbers and percentages of live births by country of birth of mother and of father1, 2008-2013」『Parents' country of birth』以下の資料からアクセス可能：「13. Further information」『Births in England and Wales by Parents' Country of Birth: 2013』公表：2014 年 8 月 28 日（http://www.ons.gov.uk/ons/rel/vsob1/parents--country-of-birth--england-and-wales/2013/rtd-parents-country-of-birth-tables.xls）閲覧 2017 年 1 月 24 日

Office for National Statistics「Table3 Live births: country of birth of mother and of father, 2011」『Parents' country of birth』以下の資料からアクセス可能：「13. Further information」『Births in England and Wales by Parents' Country of Birth: 2011』公表：2012 年 8 月 30 日（http://www.ons.gov.uk/ons/rel/vsob1/parents--country-of-birth--england-and-wales/2011/rtd-parents-country-of-birth-tables.xls）閲覧：2017 年 1 月 24 日

Office for National Statistics「Table 3　Live births: country of birth of mother and of father, 2013」『Parents' country of birth』以下の資料

【主要参考文献】

Office for National Statistics『Marriages in England and Wales (Provisional): 2012』公表：2014 年 6 月 11 日（https://www.ons.gov.uk/peoplepopulationandcommunity/birthsdeathsandmarriages/marriagecohabitationandcivilpartnerships/bulletins/marriagesinenglandandwalesprovisional/2014-06-11）閲覧：2017 年 1 月 26 日

厚生労働省「婚姻」『平成 23 年人口動態統計月報年計（概数）の概況：結果の概要』（http://www.mhlw.go.jp/toukei/saikin/hw/jinkou/geppo/nengai11/kekka04.html）閲覧：2017 年 1 月 26 日

Nippon Communications Foundation「国際結婚に注目集まる―「マッサン」効果？」『nippon.com』2015 年 2 月 5 日（http://www.nippon.com/ja/features/h00096/）閲覧：2017 年 1 月 24 日

総務省統計局「9-18 夫妻の国籍別にみた年次別婚姻件数」『人口動態調査』公表：2016 年 12 月 5 日（http://www.e-stat.go.jp/SG1/estat/List.do?lid=000001157966）閲覧：2017 年 1 月 24 日

Office for National Statistics『2011 Census analysis: What does the 2011 Census tell us about Inter-ethnic Relationships?』公表：2014 年 7 月 3 日（https://www.ons.gov.uk/peoplepopulationandcommunity/birthsdeathsandmarriages/marriagecohabitationandcivilpartnerships/articles/whatdoesthe2011censustellusaboutinterethnicrelationships/2014-07-03）閲覧：2017 年 1 月 24 日

Office for National Statistics『Ethnicity and National Identity in England and Wales: 2011』公表：2012 年 12 月 11 日（https://www.ons.gov.uk/peoplepopulationandcommunity/culturalidentity/ethnicity/articles/ethnicityandnationalidentityinenglandandwales/2012-12-11） 閲覧：2017 年 1 月 24 日「日本人」の数については以下の資料を参照：Office for National Statistics「2011 Census: Ethnic group, local authorities in England and Wales」『2011 Census, Key Statistics for Local Aut

堀井 光俊 (ほりい みつとし)

1977年、埼玉県に生まれる。2000年、英国立ケント大学社会学部を卒業。その後、同大学大学院に進学し、2006年に博士号(Ph.D.)を取得。現在は、イギリスに在住。秀明大学教授。著書に、『「少子化」はリスクか』『マスクと日本人』(ともに秀明大学出版会)等がある。

グリーン 光子 (グリーン みつこ)

1958年、富山県に生まれる。国立音楽大学作曲学科卒業。その後パリ音楽院、エコール・ノルマル音楽院などで作曲理論、パイプオルガンを修学。マルセル・ビッチュ、ナジ・ハキム、シュザンヌ・シェーズマルタン各氏に師事。現在は、ケント州にある教会のオルガニスト。近隣の教会でリサイタルやコンサートに出演。

私たち国際結婚をしました
～2人の日本人が語るイギリスライフ～

令和元年6月10日　　初版第1刷印刷
令和元年6月20日　　初版第1刷発行

著　者　　堀井光俊／グリーン光子
発行人　　町田太郎
発行所　　秀明大学出版会
発売元　　株式会社SHI
〒101-0062
東京都千代田区神田駿河台1-5-5
電　話　03-5259-2120
FAX　03-5259-2122
http://shuppankai.s-h-i.jp
印刷・製本　有限会社ダイキ

ISBN978-4-915855-36-8